Arnaud de la Croix – Liebeskunst und Lebenslust

ARNAUD DE LA CROIX

LIEBESKUNST UND LEBENSLUST

Sinnlichkeit im Mittelalter

Aus dem Französischen von Gritje Hartmann

 JAN THORBECKE VERLAG

FÜR ISABELLE

Bibliografische Information Der Deutschen
Bibliothek
Die Deutsche Bibliothek verzeichnet diese
Publikation in der Deutschen Nationalbiblio-
grafie; detaillierte bibliografische Daten
sind im Internet über http://dnb.ddb.de
abrufbar.

www.thorbecke.de
e-mail: info@thorbecke.de

© Tallandier Editions, 1999

© für die deutsche Ausgabe 2003 by
Jan Thorbecke Verlag GmbH, Ostfildern
Dieses Buch ist aus alterungsbeständigem
Papier nach DIN-ISO 9706 hergestellt.

Gestaltung: Finken | Bumiller, Stuttgart
Druck: Ebner & Spiegel, Ulm
Printed in Germany · ISBN 3-7995-0112-6

INHALT

Von Erotik in bezug auf die Zeit vom 5. bis zum 15. Jahrhundert zu sprechen, die gewöhnlich als Mittelalter bezeichnet wird, ist, um es gleich zu Beginn zu sagen, ein sprachlicher Anachronismus.

Das Wort, das sich vom griechischen *Eros* ableitet, dem Gott der Liebe und der Lust, kommt im Mittelalter nicht vor. Im Französischen erscheint es erstmals Mitte des 16. Jahrhunderts, und erst ab Ende des 18. Jahrhunderts wird es im heutigen Sinn für sinnliches Vergnügen und sexuelle Lust verwendet. Das jedoch, was der Ausdruck bezeichnet, entwickelt sich im wesentlichen während der tausend Jahre, die das Mittelalter umfaßt.

Die Zeitgenossen benutzen sehr häufig das lateinische Wort *luxuria*, und die Troubadoure besingen die *fin'amor*, diese verfeinerte Liebe, die man als höfisch bezeichnet, weil sie zuerst an den provenzalischen Höfen aufkam und sich dann in ganz Europa verbreitete. In den romanischen Sprachen ist »Liebe« ursprünglich ein weibliches Wort, und erst im 16. Jahrhundert wechselt es im Französischen das Geschlecht. Im Mittelalter ist damit gleichzeitig ein Begriff und eine Gottheit gemeint: die *dame Amour* – aber auch der Gott Amor –, die in engem Zusammenhang mit der Sinnlichkeit steht, mit jenem Sinnenrausch, den die Theologen unter der Bezeichnung *luxuria*, Fleischeslust, anprangern.

Die Stigmatisierung der Sinnenlust durch die religiöse Weltanschauung, die im mittelalterlichen Abendland vorherrscht, unter Verachtung von Körper und Körperlichkeit, die als Hindernis auf dem Weg zur Spiritualität gesehen werden, darf uns nicht täuschen. Diese Verurteilung durch die Kirche ist, wie wir zeigen werden, nicht der einzige Zugang zur Sinnlichkeit im Mittelalter. Andere Möglichkeiten, die Sexualität und das Gefühl der Liebe zu betrachten, haben sich im Laufe des Mittelalters entwickelt, im Rahmen wahrer Gegenkulturen, die manchmal nur Randerscheinungen, zum Teil aber auch Konkurrenten zur klerikalen Kultur darstellten.

Das Mittelalter als monolithischen Block zu verstehen, scheint uns eine falsche Sichtweise zu sein. Ist das Ende des 19. Jahrhunderts unter dem Aspekt der Erotik etwa keine prüde Epoche, wenn man sich an die Aussagen der bürgerlichen oder geistlichen Moralisten hält? Bei genauerem Hinsehen ist es jedoch die Zeit, in der mitten im viktorianischen England, in Oxford, Lewis Carroll, Mathematikprofessor und vom britischen Bürgertum wegen seiner Geschichten für kleine Mädchen geschätzt, sie nackt fotografiert. Unter denselben Umständen schafft der junge Aubrey Beardsley Zeichnungen, die ebenso pervers wie raffiniert sind. An anderem Ort malt Félicien Rops, einst der bestbezahlte Illustrator von Paris, die Macht der Pornographie, und die Symbolisten betreiben eine schwüle Erotik. Ganz zu schweigen von den offiziellen Malern, diesen »Manieristen«, die unter dem Vorwand des Orientalismus oder des Historismus in Darstellungen aufreizender Haremsszenen und lasziver Sklavinnen schwelgen.

Das 20. Jahrhundert hat dann seit der »sexuellen Revolution« der sechziger Jahre die erregenden Bilder vervielfacht, vor allem, um alltägliche Konsumprodukte zu verkaufen. Doch kennt diese Gesellschaft, die sich durch Sex unterhalten läßt, erotische Verhaltensweisen? Oder haben wir es nur endlich geschafft, die Lust auf ihr Abbild zu beschränken, aus ihr ein virtuelles Produkt zu machen, während auf der anderen Seite das HI-Virus und die durch die Medien vermittelte sexuelle Gewalt Sex und tödliche Gefahr miteinander in Verbindung bringen? Es ist noch nicht ganz abzusehen, aber wir können uns wenigstens die Frage stellen: Scheinbar ist in unserer Zeit Erotik weit verbreitet und lustvolle Erregung allgegenwärtig, aber ist die Erotik auf individueller Ebene nicht eher von einem Puritanismus der Gefühle geprägt?

Diese Überlegungen können uns zu einer anderen Sichtweise des Mittelalters bringen, über den äußeren Anschein einer Epoche hinaus, in der angeblich allein die Ablehnung sinnlichen Vergnügens vorherrschte. Wir könnten daraus auch ein *gai savoir*, ein fröhliches Wissen, ziehen, um einen Ausdruck der letzten Troubadoure aufzugreifen, einige verborgene Quellen von Liebes- und Sinnesfreuden wieder auffinden, indem wir die Vorstellungen und die Verhaltensweisen aufdecken, die für die damaligen Menschen charakteristisch sind.

Vermutlich ist deutlich geworden, daß das Mittelalter uns interessiert, weil es uns heute anspricht und weil es einen langen Moment – tausend Jahre – unserer Geschichte darstellt. Es geht also darum, daß wir uns einen Teil unserer selbst wieder aneignen, der lange Zeit verdrängt worden ist.

Im Gegensatz zum modernen Anspruch, tabula rasa zu machen, hat der postmoderne Künstler nicht die Absicht, etwas Neues auf der rauchenden Asche der Vergangenheit zu erschaffen. Er stellt etwas her aus verschiedenen Kulturen, die aus ihrer Zeit heraus entstanden und räumlich weit verstreut sind; er versucht, sie auf neue Weise auszudrücken. Er zielt auf eine einfache und spielerische Neuschöpfung, nicht mehr auf eine prometheische Schöpfung auf einem Trümmerfeld. In dieser Hinsicht knüpft er an den mittelalterlichen Künstler an, der nicht den Anspruch erhob, seine Vorgänger überflüssig zu machen, sondern sich bescheiden von ihrem Können inspirieren ließ, um die Dinge dann auf seine eigene einzigartige Weise neu zu begreifen. Er scheute sich nicht davor, an frühere Quellen anzuknüpfen, er schätzte sie nicht gering: Sich in eine Tradition einzuschreiben hinderte ihn nicht daran, sich auf andere Weise auszudrücken. Der mittelalterliche »Barbar«, der das Vermächtnis der Kelten, das der Griechen und Römer oder die verfeinerte Kultur der Araber auf seine Weise aufgriff, kannte den Selbsthaß nicht, der unvermeidlich zum Haß auf andere führt.

Sogar die Ungeheuer jagten dem Westen im Mittelalter keine Angst ein, wie der Kunsthistoriker Jurgis Baltrusaitis gezeigt hat, indem er ihre Entstehung in der gotischen Bilderwelt untersuchte, die die phantastischen Gestalten aus dem Formenschatz der Antike, des Islam und sogar des buddhistischen China in sich aufnahm.

»Das Mittelalter zog aus diesen neuen Kontakten neue Kräfte und entfaltete sich jetzt in weiterem Rahmen. Die Fähigkeit der Kultur des abendländischen Mittelalters, Fremdes zu assimilieren, ohne sich selbst zu verlieren, ist ein bezeichnender Zug des eigentümlichen Genius dieser Epoche. Die Tatsache, daß sie eine ganze Reihe heterogener Elemente aufgenommen hat, läßt sie nur um so geheimnisvoller und vollständiger erscheinen.«[1]

Dabei soll das Mittelalter hier aber nicht verklärt werden: Es ist eine glanzvolle, aber auch eine düstere Epoche. Jedoch stellen die jüngsten Untersuchungen etlicher Historiker, Philosophen oder Musikwissenschaftler die äußerst pessimistische Sichtweise, die dem Westen seit der Renaissance zu eigen war, grundsätzlich in Frage.[2]

Indem wir den ungeahnten Reichtum einer lange verkannten Epoche wiederentdecken, ist es unsere Aufgabe, uns gleichzeitig hinsichtlich unserer eigenen Zeit zu befragen. Wir werden dies mit Hilfe von Zwischenfragen versuchen, die das gesamte Werk begleiten, und schließlich im Ausblick.

Alles beginnt mit einer Annäherung an die Vorstellungen von Lust und Liebe, die der Grieche Platon und der Römer Ovid in der Antike entwickelt haben. Beide werden das Mittelalter stark beeinflussen.

In etwas abrupter Weise werden wir dann in das Okzitanien des ausgehenden 11. Jahrhunderts eintauchen, wo sich der Gesang des *trobar* erhebt und wo eine einzigartige Erotik erfunden wird. Nicht, daß die früheren mittelalterlichen Jahrhunderte keine Liebesbeziehungen gekannt hätten. Spuren zeugen davon: Briefwechsel, Gemälde oder Skulpturen. Jedoch entsteht die höfische Lyrik in der Provence als eine neue Kultur, die das Rittertum, darin bald vom Bürgertum nachgeahmt, neben und gegen die vorherrschende Kultur der Kirche stellt.

Im 12. Jahrhundert erfährt die höfische Strömung, die den Ehebruch verherrlicht, eine eigenständige Weiterentwicklung. Sie prägt zunehmend ganz Europa, wird aber im Umkreis der Plantagenêt durch einen besonderen Beitrag bereichert, der *matière de Bretagne*, der Artussage. Mythen keltischen Ursprungs regen zu einer leidenschaftlichen Sexualität an, bei der die Frau die Initiative ergreift. Als Reaktion darauf wird sich Chrétien de Troyes darum bemühen, die Liebe mit der Ehe zu versöhnen, indem er das Modell einer gleichrangigen und versachlichten

Beziehung entwirft. Das 12. Jahrhundert kennt auch das Aufblühen einer Mystik – in der Kirche wie anderswo –, die ihre sinnliche Ausdrucksweise sowohl der höfischen Lyrik als auch dem Hohelied entnimmt. Eine im wesentlichen weibliche Mystik, bei der die Visionen der Ekstase gleichkommen und leidenschaftliche Vermählungen mit dem Göttlichen stattfinden.

Im 13. Jahrhundert zeugen Guillaume de Lorris und Jean de Meun, die Autoren des berühmten Rosenromans, vom Verfall und schließlich von der Entweihung des großen höfischen Traums. Die feministische Reaktion von Christine de Pizan auf die Misogynie des letzteren wird unsere Aufmerksamkeit auf sich ziehen.

Weit entfernt von mystischen Ergüssen beschwören die Fabliaux, altfranzösische Verserzählungen des 13. Jahrhunderts, in denen der Sex unverblümt zur Schau gestellt wird, die sinnlichen Vagantenlieder, die Obszönität zahlreicher Skulpturen und Wasserspeier wie die merkwürdigen Zeichnungen am Rand heiliger oder weltlicher Texte eine andere Sexualität, die eng mit der mündlichen Tradition und einem wenig christlichen Volksglauben verknüpft ist.

Indem wir die mittelalterliche Erotik anhand ihrer kulturellen Ausdrucksformen untersuchen, erheben wir somit nicht den Anspruch, das Sex- und Liebesleben der mittelalterlichen Männer und Frauen bis ins Detail zu beschreiben. Auch wenn, wie man sehen wird, die Kultur und das tatsächlich Gelebte nicht ohne das jeweils andere zu denken sind. Aber es geht zunächst darum, die neuen Vorstellungen von Liebe zu begreifen, da die mittelalterliche Erfindungskraft uns in dieser Hinsicht sehr reich zu sein scheint und vielleicht sogar imstande ist, uns heute in unerwarteter Weise anzuregen.

Es geht also um Worte und Bilder, auch um Musik, und nur zuweilen um bestimmte Verhaltensweisen, überliefert durch die mittelalterlichen Quellen und die wichtigsten Aufsätze hierzu, in einer ständigen Bewegung zwischen den einen und den anderen. Eine Art der Erörterung, die hoffentlich der im Mittelalter so geschätzten *disputatio* würdig ist, das heißt, sie möge so vergnüglich wie aufschlußreich sein.

VOM ANTIKEN EROS
ZUR MITTELALTERLICHEN EROTIK

Das Mittelalter ist nicht von einem Tag auf den anderen entstanden. Aus dem Untergang des weströmischen Reiches im Jahr 476 geht eine neue Zivilisation hervor, die von verschiedenen Einflüssen geprägt wird: Die barbarischen Invasoren tragen dazu bei, die keltischen Ursprünge kommen wieder zum Vorschein, und das Christentum beherrscht nach und nach das europäische Denken. Ebenso hinterläßt der Islam auf dem Höhepunkt seiner Herrschaft über das arabisierte Andalusien und später während der Kreuzzüge seine Spuren in Kunst und Wissenschaft der mittelalterlichen Christenheit.

Das Erbe der Antike ist jedoch nicht zu vernachlässigen. Die griechisch-römische Kultur wird von den Vordenkern der neuen Religion bewahrt, überliefert und umgestaltet. Nicht zu vergessen ist dabei, daß sich das Christentum im spätrömischen Reich durchgesetzt hatte, bevor es sich über ganz Europa verbreitete. Die Sprache des kirchlichen Denkens ist bezeichnenderweise das Lateinische, die Sprache des untergegangenen Reichs, die die europäische Weltsicht in einer bewegten Epoche vereinheitlicht.

Die großen Denksysteme, die das »griechische Wunder« hervorgebracht hatte, sind in Rom weiterentwickelt worden – so hat beispielsweise Cicero sich zum Anwalt einer platonischen Richtung aufgeschwungen –, bevor sie von den mittelalterlichen Theologen wiederaufgenommen und neu überdacht werden. Die arabischen Gelehrten kommentieren ihrerseits das griechische Erbe, und die Universitäten des Mittelalters entdecken im 13. Jahrhundert Aristoteles, indem sie die Schriften der arabischen Philosophen übersetzen.

Nun hat einer der größten Philosophen des griechischen Altertums, Platon (Athen, 428–348 v. Chr.), dem Thema Liebe und Lust eine wichtige Schrift gewidmet: *Das Gastmahl*. Es handelt sich um eine Abhandlung in Dialogform, und der Philosoph Sokrates, dessen Lehre Platon folgt, nimmt darin einen Ehrenplatz ein. Das Mittelalter hatte erst spät Zugang zum Text selbst, der in Byzanz im 9. und in Italien im 15. Jahrhundert abgeschrieben wurde. Die Ideen Platons, der im Mittelalter als »Fürst der Philosophen« bezeichnet wird, sind im Westen jedoch bekannt. Sie werden zunächst von den Neuplatonikern der Spätantike und des frühen Christentums überliefert und kommentiert, etwa von Boethius (ca. 480–ca. 525), einem Beamten Theoderichs, des Königs des Ostgoten, oder von den Kirchenvätern, die sich davon anregen ließen – so etwa der heilige Augustinus (354–430), dessen Denken die Christenheit beherrschen wird. So verstümmelt und verzerrt sie auch gewesen sein mögen, die platonischen Ideen haben das christliche Europa stark geprägt.

Und hat nicht die Dialogform seiner Schriften, diese »Dialektik«, die es gestattet, der Wahrheit aufgrund der gegensätzlichen Meinungen nachzuspüren, im tiefsten Mittelalter die Methode der Scholastik hervorgebracht? Die scholastische, also angewandte *disputatio* (Erörterung), die in der Renaissance so sehr in Verruf gerät, ist nichts anderes als die Diskussion von Ideen, wie sie von Sokrates begonnen und von Platon geformt wurde.

Doch welche Vorstellungen werden nun in diesem *Gastmahl* vertreten, das die antiken Kritiker schon mit dem Untertitel *Über die Liebe* versahen?

Berichtet wird von einem Essen bei dem siegreichen Kämpfer Agathon, bei dem Sokrates mit großer Verspätung eintrifft und das vom Gastgeber dem Urteil des Dionysos, Gott des Weines und der Trankopfer, unterworfen wird. Aristophanes, der große komische Autor, ist unter den Eingeladenen. Jeder muß eine Lobrede auf Amor (Eros) halten. Ein alter und wichtiger Gott, dem skandalöserweise weder ein Dichter noch einer jener geübten Redner, wie sie die Sophisten sind, je eine Lobrede gewidmet hat.

Es stellt sich heraus, daß die Liebe hier vor allem männlich und homosexuell ist. Tatsächlich wird die Flötenspielerin, die die Gäste erfreute, weggeschickt, um die Frauen in dem ihnen vorbehaltenen Teil des Hauses zu unterhalten, bevor das Gespräch beginnt.

Schnell werden im Lauf der Unterhaltung der Liebende und der Geliebte voneinander unterschieden. Zunächst dem Alter nach: Der Liebende ist ein Mann reifen Alters, sein Favorit jung und bartlos. Ihre Gefühle sind nicht dieselben: Der eine hat den anderen erwählt. Diese Ungleichheit des Gefühls findet man unverändert in der Beziehung zwischen dem Liebenden und seinem Geliebten wieder, wie sie im 11. Jahrhundert der spanische Araber Ibn Hazm in seiner Abhandlung *Über die Liebe* beschreibt, die wir noch genauer behandeln werden, da sie das Konzept der höfischen Liebe vorwegnimmt, das sich im Mittelalter entwickeln wird, erst in der Provence, dann im gesamten christlichen Europa.

Halten wir schon einmal fest, daß Ibn Hazm von einer männlichen homosexuellen Liebesbeziehung spricht, aber auch von einer heterosexuellen Beziehung, die meist einen Freien und eine Lieblingssklavin vereint. Die große Neuerung, die die höfische und eindeutig heterosexuelle Liebe dazu beiträgt, ist die zunehmende Gegenseitigkeit der Gefühle und des Begehrens zwischen den Liebenden. Dies scheint uns das entscheidende Unterscheidungsmerkmal zu sein, das antike und höfische Erotik voneinander trennt, mehr noch als die Heterosexualität.[3] Der platonische Dialog unterscheidet weiter Körper und Seele in der Liebe. Diejenigen, die der volkstümlichen Aphrodite opfern, »lieben (...) mehr die Leiber als die Seelen derer, die sie lieben«.[4] Diese Unterscheidung führt dazu, die edle Liebe, die erwartungsgemäß einer vor allem für die Schönheit der Seele empfänglichen Elite vorbehalten ist, und die verächtliche, rein fleischliche Liebe, die ausdrücklich als Liebe des Volkes bezeichnet wird, voneinander abzugrenzen.

Die höfische Liebe bei Dante (1265–1325), der sie als »des Hofes würdig« bezeichnet, und vor ihm bei dem Liebestheoretiker Andreas Capellanus hebt sich auf ähnliche Weise von dem rohen, ungeschliffenen Trieb ab, der die Bauern, den »Pöbel«, erfüllt. Diese aristokratische Liebesauffassung verbindet Mittelalter und Antike. Und wie steht es damit heutzutage? Die Trennlinie ist vielleicht nicht mehr soziologisch begründet, aber das Modell einer »guten Liebe«, das zwangsläufig eine »häßliche, dreckige und gemeine« Liebe abqualifiziert, scheint uns noch präsent. Ein zeitgenössischer Essay, *Die neue Liebesunordnung* von Pascal Bruckner und Alain Finkielkraut[5], schlägt vor, das vorherrschende Modell aufzugeben und die erfinderischen Beziehungen in ihrer Einzigartigkeit aufzuwerten. Das wäre eine wirkliche sexuelle Befreiung, aber sind wir schon soweit? Die Antwort sei jedem selbst überlassen.

Kehren wir zum *Gastmahl* des Platon zurück. Aristophanes' Einwurf erinnert an den Mythos des ursprünglichen Zwitters, um das – diesmal heterosexuelle – Verlangen zu erklären, das die beiden Teile, der männliche und der weibliche, verspüren, sich zu vereinigen, um die verlorene Einheit wiederzufinden.

Das Judentum widerspricht diesem Mythos: »Gott schuf Mann und Frau. Mann und Frau schuf er.« Der Islam und das mittelalterliche Christentum kennen den antiken Mythos nicht. Er kommt erst wieder mit dem alchimistischen Eros der Renaissance zum Vorschein, als der ursprüngliche Zwitter wieder einen Platz ersten Ranges einnimmt. Aber halten wir fest, daß die Sehnsucht nach einer verlorenen Verschmelzung der Geschlechter nicht zu den Sorgen der mittelalterlichen Erotik gehört.

Schließlich ergreift Sokrates das Wort. Das Wort, das Platon uns überliefert hat: Es ist immer schwierig zu beurteilen, was ersterem zugehört und was der Philosophie des letzteren zuzurechnen ist. Aber das soll uns hier nicht allzusehr stören. Vielmehr beschäftigt uns die besondere Vorstellung von Liebe, die *Das Gastmahl* beschließt. In Platons Worten tadelt Sokrates nämlich die vorherigen Redner, sie hätten sich an Äußerlichkeiten gehalten: Er dagegen werde vom Wesen des Gottes sprechen. Im Gegensatz zu anderen Göttern sei Amor weder schön noch gut, vielmehr sei es so, »daß Eros aus Mangel des Guten und Schönen eben das begehre, dessen er ermangele«.[6] Das Verlangen würde nach Sokrates und Platon also auf einem Mangel beruhen. Der Sohn von Reichtum und Armut ist weder ein Gott noch ein einfacher Sterblicher, sondern ein Zwischenwesen, ein »Dämon«. Das griechische Wort *daïmôn* hat zu dieser Zeit noch nicht die unheilvolle Bedeutung, die ihm die Kirche zuschreiben wird: Es handelt sich einfach um eine Art Geist, einen Mittler zwischen der Welt der Menschen und der der Götter. Es folgt die erstaunliche und verführerische Beschreibung des Dämons Amor durch Sokrates: »Erstlich bedürftig ist er immer, und viel fehlt, daß er zart sei und schön, wie die Vielen glauben, sondern hart und rauh und barfuß und heimatlos, immer am Boden lagernd ohne Decke, vor Türen und auf Straßen im Freien schlafend, da er die Natur der Mutter hat, immer der Bedürftigkeit Genoß. Wie der Vater hingegen stellt er den Schönen und Guten nach, tapfer und verwegen und eifrig, gewaltiger Jäger, allezeit Ränke schmiedend und nach Erkenntnis begierig und erfinderisch, Weisheit suchend sein ganzes Leben, gewaltiger Zauberer, Giftkundiger und Sophist (...).«[7]

Sokrates, der Aufrührer, der Rebell, der Bilderstürmer, reißt das Bild von Amor als triumphierendem Gott in Fetzen. Damit greift der Philosoph direkt die traditionellen Werte der athenischen Gesellschaft an, die es zuließ, daß sie von Aristophanes parodiert wurde, ohne dadurch jedoch ernsthaft ins Wanken zu geraten. Sokrates wird, wie bekannt, schließlich zu Verbannung oder zum Tod verurteilt, da ihm vorgeworfen wird, die Jugend mit seinen Lehren verdorben zu haben, und Aristophanes gehört zu denen, die ihn verachten.

So wird Amor als ein listiger Bettler und Schönredner beschrieben, als ein Dämon, der in einer rauschenden Nacht gezeugt wurde. Er ist also unter dem Zeichen von Dionysos geboren, jenes Gottes, dessen Urteil die Trankopfer bei diesem merkwürdigen *Gastmahl* unterworfen sind, bei dem die Speisen ebenso aus Worten bestehen. Zu beachten ist auch, daß Amor nach Sokrates durch seine Mutter ein Landstreicher und Obdachloser ist: Das Weibliche trägt hier den Stempel des Mangels, der Not. Durch seine Abstammung väterlicherseits wird dieser Dämon ein Jäger, ein Zauberer, ein Philosoph, ein Schwätzer. Vielleicht greift Sokrates hier die offiziellen Werte der Gesellschaft seiner Zeit an, aber nichtsdestotrotz legt er damit eine Rollenverteilung zwischen dem Weiblichen und dem Männlichen fest, die das Weltbild des Westens nachhaltig prägen wird.

Dann kommt die letzte Enthüllung: Amor mag in die Schönheit verliebt sein, aber er ist es in einem noch viel entscheidenderen Sinn in die Unsterblichkeit. Deshalb strebt er danach, Kinder zu zeugen, denn »dieser Vorgang (...) ist göttlich, und dies ist im sterblichen Wesen das Unsterbliche«.[8] Aus dem heiligen Wesen der Geburt, durch die sich der Mensch seinem Schöpfer annähert, leitet Platon das heilige Wesen der Zeugung ab. Die Theologen des Mittelalters sind davon nicht weit entfernt, wenn sie sagen, daß das Ziel der Paarung die Fortpflanzung ist und nichts anderes.

»Das Urteil des Paris« | Nikolaus Manuel Deutsch (1484–1530)

Die Entwicklung, die Sokrates rühmt, verläuft vom Körperlichen zum Geistigen: Wenn er in einen schönen Körper verliebt ist, begreift der Liebende und Philosoph bald, daß er in Wirklichkeit in die Schönheit an sich verliebt ist und die Körper nie mehr als deren Träger sein können. Es geht darum, von der

Vielheit der begehrten Körper zum Einen der immateriellen Schönheit aufzusteigen, die Teil der vollkommenen Welt ist.

Die Schlußszene, in der der schöne Alkibiades Sokrates seinen Körper zum Tausch gegen etwas Geist anbietet, ein Handel, den dieser ablehnt, ist bezeichnend. Der Text macht deutlich, daß damit »Gold gegen Kupfer« getauscht würde: Das Verständnis der immateriellen Welt ist für Platon der greifbaren Schönheit klar überlegen. Es ist im wesentlichen diese Auffassung, die das Geistige überbewertet und das Körperliche entwertet, die die westliche Kultur prägen wird. Unter dem Einfluß des Neuplatonismus eines Plotin, eines Proklos, eines Boethius, ganz zu schweigen von den Kirchenvätern, die Platon gelesen hatten, greift die römische Kirche ihrerseits wesentliche Elemente der platonischen Philosophie wieder auf.

Das ideale Eine des griechischen Philosophen war ein verlockender Anknüpfungspunkt für das religiöse Denken: Ähnelt es nicht stark dem einen Gott des christlichen Monotheismus? Die Vielheit der irdischen Dinge wird auf ähnliche Weise von der christlichen Theologie entwertet, die unter Verachtung des Diesseits nach dem Jenseits strebt. Diese Ansichten haben folgenschwere Auswirkungen auf die westliche Vorstellung von Erotik. Nur ein kleiner Zweifel bleibt zurück: Wenn die materielle Welt für Platon nur ein schwacher Abglanz der Welt der Ideen ist, ist sie doch auch ein deutlich erkennbarer Widerschein von ihr. Und die mittelalterliche Theologie wird mitunter den Akzent auf diese Sichtweise legen: Die als Spiegel der göttlichen Schönheit geschaffene Welt wird dann wieder aufgewertet.

Die Vorstellungen des Platonismus sind nicht die einzigen antiken Ideen, die das Abendland im Mittelalter geprägt haben. Was die Erotik betrifft, so hat auch ein römischer Dichter die

Art und Weise beeinflußt, Liebesbeziehungen zu betrachten. Es handelt sich um Ovid, Autor einer *Liebeskunst*, auf die sich die Schriftsteller des Mittelalters häufig beziehen. Der wichtigste von ihnen, Chrétien de Troyes, wird übrigens eine französische Nachdichtung schaffen, die leider verloren ist.

Ovid wurde 43 v. Chr. in den Abruzzen geboren und starb im Exil in Rumänien im Jahr 17 oder 18. Er wurde verbannt, da er der Unmoral angeklagt war, von der die *Liebeskunst* Zeugnis ablegt. Nun wissen wir, daß Ovid in der Zwischenzeit der Lieblingsdichter der römischen Oberschicht geworden war. Was war passiert?

In der *Liebeskunst* möchte er den Leser etwas lehren, ihn unterweisen: ihm beibringen, wie man jemanden verführt und wie man dann der Liebe Dauer verleiht. Als männlicher Gott und Sohn der Venus, der den Autor mit seinen Pfeilen durchbohrt hat, ähnelt sein Amor demjenigen der Griechen. Er ist jung und der Sohn der Göttin, die ebenso über die Schönheit wie über den Rausch der Begierde gebietet und die in Griechenland Aphrodite hieß. Er ist ein Gott, Bogenschütze und Jäger. Ovid greift also die Züge des traditionellen griechischen Gottes auf, aber auch das männliche und eroberungslustige Wesen, das Platon ihm verliehen hatte. Dieser Aspekt wird unserer Ansicht nach von dem lateinischen Dichter noch unterstrichen, wenn er seinen Leser folgendermaßen anredet: »der du jetzt als Rekrut in der Liebe zum erstenmal deinen Dienst antrittst«.[9]

Erinnern wir uns, daß der mittelalterliche Amor ein weibliches Wort ist: Das ist ein gewaltiger Unterschied. Sicher, Andreas Capellanus, der Theoretiker der höfischen Liebe im 12. Jahrhundert, vergleicht in der Nachfolge Ovids den männlichen Verführer mit einem Jäger oder einem Raubvogel und die begehrte Frau mit einer Hirschkuh, die der Spieß des Verfolgers bedrängt. Aber er besteht in den heftigen Wortgefechten, in denen sich Männer und Frauen mit den Waffen der Scholastik gegenübertreten, auch auf der notwendigen Gegenseitigkeit des Verlangens.

Noch grundlegender ist, daß die Dichter und Theoretiker an den mittelalterlichen Höfen im Gegensatz zu Platon oder Ovid scheinbar erfaßt haben, daß der Verführer und Eroberer immer auch selbst dem Zauber seines »Opfers« erliegt. Diese unvermeidliche Reversibilität der Verführung, um ein Wort des Soziologen Jean Baudrillard aufzugreifen[10], scheint weder dem Griechen Platon noch dem Römer Ovid bewußt gewesen zu sein. Es ist dies eine – schwierige und stufenweise erreichte – Errungenschaft der mittelalterlichen Erotik.

Zudem ist bei der Lektüre von Ovid bemerkenswert, wie sich bereits hier der Gegensatz von Liebe und Ehe abzeichnet, den Ibn Hazm und später die höfischen Dichter wieder aufgreifen werden.

»Durch Streit mögen verheiratete Frauen ihre Männer und Ehemänner ihre Frauen vertreiben und sich einbilden, sie würden dauernd gegeneinander prozessieren: Das ziemt sich für Ehefrauen; Streit ist die Mitgift der Gattin; die Freundin höre stets erwünschte Töne! Ihr seid nicht auf Befehl des Gesetzes in ein Bett gekommen; bei euch spielt Amor die Rolle des Gesetzes.«[11]

Daß ein Dichter, der von den Römern, den Erfindern des Rechts, geschätzt wird, auf das Gesetz verweist, um den Bund der Ehe zu charakterisieren, und ihm ein anderes Gesetz, und zwar das der Liebe, entgegensetzt, das zeigt die Immoralität des Ganzen. In der römischen und arabischen wie auch in der

Feudalgesellschaft handelt es sich bei der Ehe bekanntermaßen im wesentlichen um eine standesgemäße Vernunftehe: Sie wird durch den familiären und sozialen Rahmen der Ehepartner bestimmt, um das Erbe ungeteilt zu bewahren oder um ein vorteilhaftes Bündnis einzugehen, und das in allen Schichten der Gesellschaft. Daß das Gefühl der Liebe in Rom, in Andalusien und dann an den Höfen der westlichen Feudalgesellschaft zunächst außerhalb des Gesetzes steht, ist nicht verwunderlich. Es kann sich nur im Ehebruch entwickeln, wie ein Blick auf die Troubadoure oder den Roman von Tristan und Isolde beweist. Und die Tatsache, daß auch das sexuelle Vergnügen zwischen Eheleuten von der Kirche verdammt wird, für die im Gefolge des Platonismus das einzige Ziel sexueller Vereinigung die Fortpflanzung ist, erschwert die Angelegenheit weiter.

Was tut nun Ovid? Indem er mit Wohlgefallen die Sitten der römischen Gesellschaft seiner Zeit beschreibt, zeigt er in seiner *Liebeskunst*, wo und wie man bezaubernde verheiratete Frauen finden, verführen und halten kann (im Zirkus, im Theater, unter Mithilfe der Diener). Sein Lehrbuch ist ein wahrer sexueller Reiseführer durch das antike Rom, der laut verkündet, was seine Mitbürger und Mitbürgerinnen im stillen taten. Daß er den Liebenden »absolute Verschwiegenheit« empfiehlt, hindert ihn nicht daran, wie Ibn Hazm, die Troubadoure oder später Andreas Capellanus das Geheimnis der außerehelichen Beziehungen zu offenbaren – der Grund, weshalb sie einer nach dem anderen verurteilt wurden. Die Gesellschaft toleriert bestimmte außergesetzliche Umtriebe, aber sie nimmt deswegen noch lange nicht hin, daß diese besungen werden.

Auch aus diesem Grund entwickelt sich die mittelalterliche Erotik als wahre Gegenkultur, die mal blüht, mal eine Rander-

scheinung darstellt, immer jedoch im Gegensatz zu jener »Ablehnung der Lust«[12] steht, die das christliche Mittelalter prägt, es
aber nie ganz und gar beherrscht.

FIN'AMOR

Ich möchte meinen Ritter
Eines Abends in meinen nackten Armen halten
Und daß er sich glücklich schätzt
Wenn ich ihm nur als Kissen diene
Denn ich bin verrückter nach ihm
Als Floire nach Blancheflor
Ich schenke ihm mein Herz und meine Liebe
Meinen Verstand, meine Augen und mein Leben.
(...)
Ihr sollt wissen, daß es mich sehr danach verlangt
Daß Ihr den Platz meines Mannes einnehmt
Wenn Ihr mir versprecht
alles zu tun, was ich möchte.

Estai ai en greu cossirer
COMTESSA DE DIA (UM 1200)

Der Bogen liebkost die Saiten der Drehleier und stimmt sie dann
an. Die Finger schlagen im Rhythmus auf das Fell der Trommeln.
Und eine Männerstimme steigt aus tiefster Kehle empor, modu-
liert die Wörter, brummt, wird plötzlich schrill. Die Klänge sind
bald rauh, bald so lieblich, daß sie die hartgesottensten Zuhörer

anrühren. Die Worte, verbunden mit der Musik und getragen von der Melodie, sprechen von Liebe. Rätsel der *cansos*, die sich ganz unvermittelt erheben. Ende des 11. Jahrhunderts, in den Höfen der Lehnsburgen im Herzen Okzitaniens, unter den sonnenüberfluteten Steinen.

Die ersten schriftlichen Spuren, die es von der Kunst der *trobadors* noch gibt, sind die Gedichte Wilhelms IX., Herzog von Aquitanien. Ein großer Herr, Verführer, Kämpfer, Kreuzritter und Lebemann. Seine Enkelin ist Eleonore von Aquitanien, die erst einen König von Frankreich, dann einen König von England heiratet und die die Kunst des *trobar* im Norden des Landes und später, wenn auch in geringerem Maß, in England bekannt macht. Eleonore wiederum hat Marie von Champagne zur Tochter, an deren Hof sich die Kunst des großen Romanautors Chrétien de Troyes entfaltet und die hochinteressante Abhandlung von Andreas Capellanus verfaßt wird, jener *Tractatus de amore*, der mit Zynismus und Humor die Regeln der in Okzitanien entstandenen *fin'amor* systematisch erfaßt.

Die Kunst der Troubadoure hat im Europa der Zeit riesigen Erfolg: Wie ein Lauffeuer verbreitet sie sich im christlichen Spanien und steckt bald Nordfrankreich an. Die *trouvères* in Nordfrankreich, dann die Minnesänger in Deutschland, die *trovatori* Italiens, die sizilianischen Dichter, jene aus Portugal und selbst aus Ungarn setzen – mit unterschiedlichem Erfolg – die Erschließung der okzitanischen Gattung fort.

Heute ist die Kunst des *trobar* auf den ersten Blick weiterhin völlig rätselhaft, auch wenn es zahlreiche Anthologien und noch mehr Aufsätze über dieses Phänomen gibt. Wenn man die Erklärungsversuche zu dieser Kunst liest, stößt man auf Widerspruch um Widerspruch. Die wirklich grundlegenden Thesen zum Thema sind jedoch letztlich nicht sehr zahlreich. Wir werden versuchen, uns ihnen zu nähern und sie einander gegenüberzustellen, um das Spiel des Begehrens zu verstehen, das bei jenen Erfindern des Lieds zu lesen und zu hören ist – eine Gattung, nebenbei gesagt, deren Grundregeln die Troubadoure festgelegt haben, da ihre Struktur zuvor überhaupt noch nicht entwickelt war: jene der *coblas unissonans* (Unisono-Strophen) im provenzalischen Lied und dann der Strophen und Refrains bei den Trouvères, den nordfranzösischen Minnesängern.

Was sofort auffällt, wenn man die Historiker und Philologen liest, die sich für die Troubadoure interessiert haben, ist, daß sie meist den musikalischen Aspekt des Phänomens nicht beachten. Besonders wenn sie versuchen, das Geheimnis des Ursprungs des *trobar* zu ergründen: Warum entstand Ende des 11. Jahrhunderts in Okzitanien plötzlich diese neue Kunstform, die die Liebe und das Verlangen nach der Frau besingt?

»Liebespaar mit Cupido und Tod« | Hans Sebald Beham (1500–1550) | 1529 Holzschnitt

Nun lenken die Texte der Troubadoure selbst wiederholt die Aufmerksamkeit auf diesen Aspekt: Ihre Worte sind ohne die Musik nicht zu verstehen.[13]

No sap chantar qui so non di
ni vers trobar qui motz non fa
Es kann nicht singen, wer keine Melodie hat
Noch einen Vers dichten, wer keine Worte findet

(*No sap chantar qui so non di,* JAUFRÉ RUDEL, 1125–1148)

Qu'aissi vauc entrebescan
les motz e-l so afinan:
lenga entrebescada
es en la baizada

So verflechte ich
Die Worte und verfeinere die Klänge:
Wie die Zunge
Im Kuß verschlungen ist

(*Bel m'e lai latz la fontana,* BERNART MARTI, Mitte des 12. Jahrhunderts)

Chantars no pot gaire valer
si d'ins dal cor no mou lo chans
ni chans no pot dal cor mover
si no i es fin'amors coraus
per se es mos chantars cabaus
qu'en joi d'amor ai et enten
la boca e-ls olhs e-l cor e-l sen

Singen kann nicht viel wert sein
Wenn der Gesang nicht aus tiefstem Herzen kommt
Und der Gesang kann nicht aus dem Herzen kommen

Wenn es keine aufrichtige vollkommene Liebe gibt
Deshalb ist mein Gesang überlegen
Denn ich stehe im Dienst der Liebesfreuden
Und stelle ihnen meinen Mund, meine Augen, mein Herz,
meinen Geist zur Verfügung

(*Chantars no pot gaire valer,* BERNARD DE VENTADOUR, 1149–1170)

En cest sonet conhd'e leri
fauc motz e capus e doli
e seran verai e cert
quan n'aurai passat la lima
qu'amors marves plan'e daura
mon chantar que de lei mou
qui pretz manten e governa

Auf diese anmutige, leichte Weise
Setze ich Worte, schleife sie ab und glätte sie
Und sie werden aufrichtig und zuverlässig sein
Wenn ich die Feile angesetzt habe
Denn die Liebe verfeinert und vergoldet augenblicklich
Meinen Gesang, der von jener ausgeht
Die den Preis hält und lenkt

(*En cest sonet condh'e leri,* ARNAUT DANIEL, Ende des 12. Jahrhunderts)

Peirol fai
fin e verai
lo sonet per amors
on sos cors estai totz jorns

Peirol hat
Die kleine Melodie für die Liebe
Bei der sein Herz sich immer aufhält
Fein und wahrhaftig geschaffen

(PEIROL, 1188–1222)

E s'en chan de ma dolor
non lor deu essei estrante
si no-m fatz sos conhdes ni galaubiers
qu'ab marriman no s'accorda alegriers

Und wenn ich meinen Schmerz besinge
Kann es nicht befremdlich scheinen
Daß ich weder fröhliche noch anmutige Weisen ersinne
Denn der Schmerz verträgt sich nicht mit der Freude

(PERDIGAN, 1192–1212)

Schließlich faßt Guiraut Riquier (1254–1292), den man den letzten Troubadour genannt hat, ein letztes Mal die Kunst des *trobar* zusammen: »Trobar motz e sos«, »Worte und Klänge finden«, und zwar in der *Declaratio* (1275), die er Alfons dem Weisen, König von Kastilien, zuschreibt, jenem, der weiß, daß er »zu spät gekommen« ist, und Okzitanien verlassen hat, um nach Spanien zu gehen. Vielleicht war es in Spanien, allerdings im maurischen Spanien, wo alles begonnen hat, wie wir sehen werden. Hier seien schon einmal einige Schlüsselwörter aus den eben zitierten Auszügen hervorgehoben, die uns verständlich machen, wieviel Bedeutung die okzitanischen Troubadoure bestimmten

Begriffen zumessen. So sind die gedichteten Worte – seien es *motz*, Worte, oder *vers*, Verse – immer eng mit dem Akt des *chantar*, des Singens, und dem *son*, dem Klang (der Weise, der Melodie), verbunden ... Und das seit Wilhelm von Poitiers (1071–1126), dem ersten bekannten Troubadour:

Pois de chantar m'es pres talens
farai un vers don sui dolens

Da die Sehnsucht mich überkommen hat zu singen
Werde ich einen Vers schaffen, an dem ich leide

Der Gesang steht in Zusammenhang mit der Sehnsucht, dem Schmerz oder der Freude. Wenn er aufrichtig sein möchte, steigt er direkt aus dem Herz auf.

Domn'ades m'avetz valgut
tan que per vos sui chantaire

Herrin, Ihr habt für mich soviel Wert
Daß ich für Euch singe

(*Bel m'es qu'eu chant e conhdei*, RAIMON DE MIRAVAL, 1191–1229)

In diesem Gesang, der von der Liebe und der Dame angeregt wird, verflechten sich die Worte, die ausgefeilt, geglättet, geschliffen und auf eine zu ihnen passende Melodie abgestimmt sind; einmal auf einen angenehmen, gefälligen und anmutigen, ein andermal auf einen mißtönenden, abgehackten oder klagenden Ton.

Die Worte des *trobar* sind nur im Gesang, mit der Musik zu verstehen. Deshalb ist der beste Weg, die Troubadoure zu begreifen, ihnen zunächst und immer wieder zu lauschen.[14] Es zeugt von einer Verarmung heutigen Denkens, daß bei der Interpretation Musik und Dichtung getrennt werden. Nehmen wir Guillaume de Machaut. Der große Komponist des 14. Jahrhunderts, »der Meister der Ars Nova«, wie ihn Jacques Chailley nennt[15], wird von dem Historiker Johan Huizinga als »der Dichter« vorgestellt.[16] Heute bedarf es einer gewissen Vorstellungskraft, um die Splitter einer Persönlichkeit wieder zusammenzufügen, um zu begreifen, daß der Komponist an der Spitze der musikalischen Avantgarde seiner Zeit und der geniale Autor des *Livre du Voir-Dit* ein und dieselbe Person sind. Warum? Wenn die Werke oder die Aufnahmen, die der mittelalterlichen Musik gewidmet sind, uns Machaut ausschließlich als Musiker präsentieren und andere Aufsätze über die Geschichte oder die Literatur des Mittelalters von ihm nur als einem großen Hofdichter sprechen, liegt das daran, daß jene Arbeiten von Fachleuten in heute streng getrennten Bereichen stammen. Musikwissenschaft und musikalische Interpretation auf der einen, Geschichte und Philologie auf der anderen Seite. Aber es kommt auch daher, daß es heutzutage angesichts der Spezialisierung unvorstellbar scheint, daß ein einziger Mensch sich gleichzeitig in beiden Disziplinen, der Komposition und der Literatur, hervortun kann. Daß Wilhelm von Poitiers, der erste Troubadour, zugleich ein großer Herr, Dichter und Sänger war, scheint uns heute merkwürdig. Doch sein Zeitgenosse, der Historiker Ordericus Vitalis, berichtet, daß der neunte Herzog von Aquitanien »als fröhlicher und geistreicher Mann oft in Gegenwart von Königen und anderen bedeutenden Personen das Elend seiner Gefangenschaft vortrug und rhythmische Verse mit feinsinnigen Melodien deklamierte«.[17]

Wenn jedoch eine immer stärker ausgeprägte Arbeitsteilung uns oft daran hindert, die reiche Vielfalt bestimmter mittelalterlicher Künstler zu begreifen, verdient eine Frage, untersucht zu werden: Bis heute sind mehr als 2500 Texte aus dem Bereich der okzitanischen Lyrik erhalten, aber nur etwa 340 Melodien.

Man kann daraus schließen, daß sie wieder und wieder benutzt wurden, um verschiedene Texte zu begleiten. Man kann auch die These aufstellen, daß sie aus der Erinnerung überliefert und im Gegensatz zu den Texten weniger häufig als der Aufzeichnung würdig betrachtet wurden. Aber das Verhältnis spricht für sich selbst. Und der tatsächliche Schaffensprozeß würde sich demnach allein auf der Textebene abspielen.

Dennoch bemerkt man, wenn man die über mehr als zwei Jahrhunderte verteilten Texte der okzitanischen Troubadoure liest, daß auch sie sich wiederholen: Oft bieten sie nur Variationen desselben Themas. Um nur ein Beispiel anzuführen: die Ankunft des Frühlings als einer günstigen Zeit für die Sehnsucht. Oder im Kontrast dazu die Liebe, die im Winter blüht – »eine umgekehrte Blume«, die sich trotz des Eises entfaltet und zu einer neuen Variation wird, die sich ständig wiederholt.

Die mittelalterliche Kunst hat nie den Anspruch, etwas völlig Neues zu schaffen – das ist eine moderne Zwangsvorstellung –, sondern spielt im Gegenteil mit unzähligen Variationen eines immer wiederkehrenden Themas: Der Wert des Künstlers besteht in der ihm eigenen Wiederholung einer bekannten Melodie, die er unter einem neuen Blickwinkel wiederentdeckt. In diesem Sinn ähnelt der Künstler des Mittelalters dem Jazzmusiker, der wenig komponiert, aber nicht müde wird, die großen Klassiker anders klingen zu lassen. Deshalb wiederholen sich die zahlreichen Texte der Troubadoure häufig, und es bedarf der ganzen Aufmerksamkeit eines René Nelli[18], um hinter identischen Worten unterschiedliche Bedeutungen aufzuzeigen.

Ebenso ist zwar die Anzahl der Melodien kleiner als die der Texte, die sie begleiten und die überliefert sind, aber es ist bekannt, daß sie auf so vielfältige Weise durch Improvisationen und Veränderungen von Rhythmus und Instrumentierung bereichert wurden, daß sie damit während des gesungenen Vortrags die Vermehrung der Worte widerspiegeln.

Da im heutigen Denken Musik und Text getrennt werden, müssen wir uns erst bei der einen und dann bei der anderen Seite informieren, um uns dem Phänomen der okzitanischen Lyrik anzunähern: zuerst bei den Interpreten der mittelalterlichen Musik und dann bei jenen, die sich mit dem Text befaßt haben.

Die heikelste Frage ist die nach dem Ursprung. Warum haben im 12. Jahrhundert in der Provence Dichter begonnen, die Liebe auf eine so eigentümliche Weise zu besingen? Vor einem solchen Rätsel weisen etliche einfach die Frage zurück: Sie sei wenig ergiebig. Wir sind anderer Ansicht. Alles hängt davon ab, in welchem Licht wir sie betrachten. Wenn es darum geht, die besondere Vorstellung von Sehnsucht zu erklären, die sich aus äußeren Gründen durchsetzt, wird man in der Tat die Frage als unerheblich betrachten. Aber man könnte etwas subtiler fragen, wie das Erbe, das das *trobar* angetreten hat, von ihm ausgelegt worden ist, welche die ganz eigenen Nuancen sind, die es dazu beigetragen hat, und welche neue Vorstellung von Erotik sich auf diese Weise entwickelt hat.

Und wir werden sehen, daß die Untersuchungen der Musikwissenschaftler zu den Ursprüngen wiederholt mit dem Standpunkt derjenigen übereinstimmen, die sich unabhängig davon mit den Texten der Troubadoure beschäftig haben.

Die Troubadoure selbst verleihen dem okzitanischen Ausdruck *trobar* die Bedeutung von »finden«:

Qu'amors m'a dat saber qu'aini-m noris
que s'om trobat non agues trobaria

Denn die Liebe hat mir ein Wissen geschenkt, von dem ich lebe
So sehr, daß ich »finden« würde, wenn auch noch niemand zuvor »gefunden« hätte

(*Non an tan dig li primier trobador,* Guilhem de Montanhagol, 1233–1268)

Es bedurfte Jacques Chailleys, des Autors einer epochemachenden Musikgeschichte des Mittelalters (1950), um eine wirklich neue These zu diesem Thema zu erfahren:

»Die Bezeichnung Troubadour selbst, die ihnen verliehen wurde, ist implizit ein Beweis. Der Troubadour (*trobador*) ist derjenige, der Worte und Musik ›findet‹ (*trobar*), das heißt komponiert. Das weiß jeder. Aber wenn man sich wie gewöhnlich darauf beschränkt, ist die Erklärung nur zurückgestellt, die Frage ist nicht gelöst.

Denn woher kommt das Wort *trobar*, das zu jener Zeit noch neu ist? Direkt von *tropare*, Tropen ersinnen.«[19] Was sind Tropen?

Eine musikalische Erfindung, die im 11. Jahrhundert aufkommt, also etwas früher als das *trobar*, und die darin besteht, auf der Grundlage des vorhandenen liturgischen Repertoires neue literarisch-musikalische Entwicklungen hervorzubringen.

Der von Chailley vorgenommene Vergleich zwischen der Handschrift der Abtei Saint-Martial von Limoges, die die (sakrale) lateinische Musikdichtung der Zeit enthält, und der einzigen musikalischen Phrase, die vom ersten Troubadour, Wilhelm IX. von Aquitanien, dem das Limousin, die Region um Limoges, unterstand, erhalten ist, spricht für sich: »Diese Phrase wiederholt fast wörtlich die Melodie eines *versus* von Saint-Martial.«[20] Und der Begriff *versus*, den die Troubadoure so oft benutzen, um ihre Kunst zu benennen, ist derselbe, der in der Sakralmusik die Tropen für gereimte Bibelverse bezeichnet.

Das heißt, die Kunst des *trobar* wäre die der »Tropenmacher«. Ihre ganz weltlichen Melodien wären von jenen abgeleitet, die ursprünglich für den liturgischen Gesang geschaffen wurden. Die These ist verführerisch: etymologisch, aber auch, weil sie die scharfe Trennung von weltlicher und sakraler Musik in Frage stellt, die die Interpreten zu lange vorgenommen haben. Heute werden die wechselseitigen Kontakte, Einflüsse und Überlagerungen zwischen den beiden Bereichen von zahlreichen Musikwissenschaftlern und Interpreten hervorgehoben. So betont die Musikerin Ella de Mircovich »eine der prägendsten Entwicklungen dieses 12. Jahrhunderts, nämlich den veränderten Bezugspunkt des mittelalterlichen Denkens, das plötzlich die Liebe zum grundlegenden Wert macht, sowohl in geistlichen Kreisen als auch bei den Laien.«[21]

Die verschiedenen Messen mit dem Titel »L'homme armé« (»Der bewaffnete Mensch«), darunter die schönste, diejenige des Komponisten Josquin des Prés aus dem 15. Jahrhundert, stellen Beispiele mehrstimmiger sakraler Kompositionen dar, die von einer einstimmigen weltlichen Melodie herrühren. Und vor Josquin hat Guillaume de Machaut wie viele andere Komponisten ebenso im Bereich der sakralen Musik wie in der Komposition weltlicher Stücke brilliert.

Dennoch dürfen uns diese Berührungspunkte nicht daran hindern, die Anschauungen zu unterscheiden, die den musikalischen Formen zugrunde liegen, denn das Liebeskonzept, das die Kirche im 12. Jahrhundert entwickelt, sei es bei der Marienverehrung oder dem Interesse am Hohelied, ist nicht das der Troubadoure. Jacques Chailley selbst, dem die Entdeckung des Zusammenhangs zwischen *trobar* und Tropen zu verdanken ist, übersieht keineswegs eine andere These zum Ursprung der okzitanischen Lyrik: daß sie nämlich im Kern schon in den arabisch-andalusischen Liedern enthalten sei. Die Beziehungen zwischen Wilhelm IX. und Spanien sind offenkundig: »Er hatte die Witwe seines Verbündeten Sancho Ramírez, König von Aragón, geheiratet, seine beiden Schwager waren ebenfalls Spanier, und er hielt sich häufig jenseits der Pyrenäen auf, sei es in friedlicher oder kriegerischer Absicht.«[22]

Die Pyrenäengrenze ist für die Okzitanen durchlässig, und zahlreiche Troubadoure üben ihre Kunst an den spanischen Höfen aus, von Marcabru bis Guiraut Riquier. Und das ist noch nicht alles. Die erhaltenen Niederschriften der Musikstücke geben nicht an, wie die Melodien instrumentiert waren, was möglicherweise keine Lücke darstellt, sondern nur eine große Freiheit in der Interpretation bedeutet. Aber die Miniaturen, die zeigen, daß die Sänger sich mit Instrumenten arabischen Ursprungs begleiteten, sprechen für sich: Rebec, eine Streichlyra (*rabat*), Psalterium (*quanum*), Drehleier (*rebat*), Laute (*aloûd*), Schlaginstrumente afrikanischen Ursprungs.[23]

Die Miniaturen führen auch dazu, daß wir eine dritte These ins Auge fassen: Sie zeigen nämlich auch noch die Verwendung weiterer Instrumente, diesmal keltischen Ursprungs: den Crwth (eine Leier mit walisischem Bogen) oder die tragbare Harfe, die von dem königlichen Instrument der keltischen Harfe abgeleitet ist. Der Lai, eine besondere literarisch-musikalische Form, ist wahrscheinlich keltischen Ursprungs. Aber damit verlassen wir zweifellos die okzitanischen Anfänge und sind bereits bei den Entwicklungen, die die *fin'amor* über die nordfranzösischen Trouvères und den Beitrag der *matière de Bretagne*, der Artussage, zur höfischen Lyrik bald erleben wird. Der Musiker Thomas Binkley, ein zeitgenössischer Wegbereiter der Interpretation des höfischen Repertoires, hat gesagt: »Ich glaube, daß es mehrere Einflußzonen gab: im Süden, im Norden und vielleicht auch im Osten Europas. Die Verteilung der Instrumente – im Süden von den Arabern, im Norden von den Kelten entliehen – stellt einen der interessantesten Aspekte bei dieser Suche dar.«[24]

Kommen wir nun zu den Themen, die die Texte der Troubadoure entfalten, Themen, die bis dahin im christlichen Abendland unbekannt waren.

Zunächst zur Sprache, die sie verwenden – es bedurfte eines Dichters wie Ezra Pound, um daran zu erinnern, daß es die Sprache des Volkes ist, jene *langue d'oc* (das Okzitanische, das seit Dante nach dem Bejahungspartikel benannt ist), nicht das Lateinische der Gelehrten: Die Troubadoure »versuchen, die Alltagssprache zu verfeinern oder auszuschmücken«.[25] Pound ist empfänglich für jenen Aspekt – in der Nachfolge Dantes, der die Troubadoure und die okzitanische Sprache würdigt: »Die [Sprache] (...) des *oc* bringt vor, daß Dichter der Volkssprache zuerst in ihr gedichtet haben, als in der vollkommeneren und süßeren Sprache (...).«[26]

Der verbannte Florentiner Dante Alighieri – dessen Name »derjenige, der Flügel trägt« bedeutet – verfaßte um 1305 die unvollendete Abhandlung *De vulgari eloquentia* (Über das Dichten in der Muttersprache), merkwürdigerweise auf Latein, wo sie doch bei der Entstehung der lokalen Mundarten der Halbinsel den politisch-sprachlichen Wunsch nach einer vereinheitlichten italienischen Sprache darstellt. Wenn er zu diesem Zweck die Geschichte der Sprache vor Augen führt, urteilt der große Dichterphilosoph des Mittelalters in einer für seine Zeit revolutionäre Weise, daß die Volkssprache, die die Kinder von ihrer Amme gelernt haben, »edler« als die »künstliche« lateinische Grammatik sei. Für ihn ist das Vorbild einer zu schaffenden erhabenen Volkssprache das Lied, das die provenzalischen Dichter hinterlassen haben. Er führt sie bewundernd an: Bertran de Born, vor allem Arnaut Daniel, Guiraut de Borneil ... Aus einigen von ihnen werden übrigens Protagonisten seiner *Divina Commedia* (verfaßt 1304–1321). Es sei hier daran erinnert, daß die okzitanischen Künstler das besingen, was Dante »die Glut der Liebe« nennt, und daß sie direkten Einfluß auf die Dichter und Komponisten des *Dolce stil novo* ausgeübt haben, etwa Guido Cavalcanti, Dino Frescobaldi oder Cino da Pistoia, die Dante nahestehen, der selbst »höfische« Reime verfaßt hat. Doch die italienische höfische Dichtung, deren berühmtester Vertreter Petrarca (1304–1374) ist, wird der Erotik der Troubadoure eine andere Richtung geben, indem sie sie mit Spiritualität vermischt und zur Mystik neigt, und schließlich mehr der Religiosität der späten okzitanischen Lyrik, von der noch zu sprechen ist, ähneln als den ursprünglichen Anregungen des großen höfischen Gesangs.

Diese Dichter schreiben und singen also in der Volkssprache. Weit entfernt vom gelehrten Latein des Klerus, besingen sie den *joy*, die Freude. Die Freude der Liebe, ein Schlüsselwort, das man bei den meisten von ihnen findet und das noch nicht abschließend geklärt ist. Es bezeichnet das, was in dem Begriff zusammengefaßt ist, die Blüte des Vergnügens. Ebenso bezeichnet es den eigentlichen Liebesakt – die Liebschaften der Troubadoure sind nicht »platonisch« –, aber der *joy* ist für den Dichter auch das Geschenk, das er der Frau macht, indem er sie liebt. Oder auch, indem er sie nicht liebt: Das eigene Herz gefangen und vom Gefühl der Liebe besetzt zu wissen kann genügen, um Freude zu schenken.

Die Liebe entsteht durch den Austausch von Blicken, sie wird von Augenpaar zu Augenpaar weitergegeben:

Ab uns dous esgartz coraus
que an fach lur via
per mos òlhs ses retornar
el còr; en los tenh tan car

Eure süßen, herzlichen Blicke
Die sich ihren Weg gebahnt haben
Über meine Augen, ohne zurückzukehren,
Bis in mein Herz, wo ich sie bewahre

(*Atressi com Persavaus,* RIGAUT DE BARBEZIEUX, 1180–1220)

»›Sie blickt den einen liebevoll an, drückt zärtlich die Hand des anderen und berührt lächelnd den Fuß des dritten. Sagt, welchem der drei sie unter diesen Umständen die größte Liebe beweist.‹

Und Gaucelm antwortet:

›Herr Savaric, Ihr wißt wohl, daß derjenige, dem die süßeste

Gunst gewährt ist, der Freund ist, den sie offen und treu mit ihren schönen, bezaubernden Augen anblickt. Der ganze Zauber kommt aus ihrem Herzen ...‹«[27]

»... Die Süße, die das Herz über die Augen berührt,
Ist mehr wert als die, die durch den Mund geht (...)
Die Augen, durch die jene Süße hinein- und hinaustritt
Die das Herz erfüllt, sind so aufrichtig, daß keines von ihnen
Etwas zu seinem eigenen Gewinn zurückbehält.
Dahingegen kann der Mund sich bei einem Kuß nicht zurückhalten
Zu seinem eigenen Vorteil ein wenig von diesem süßen Geschmack zu bewahren
Bevor er etwas davon an das Herz weitergibt.«

(*Flamenca,* anonymer okzitanischer Roman, um 1240–1250[28])

Über den Austausch von Blicken senkt sich die Liebe, die aus dem Herzen des einen kommt, in das Herz des anderen. Und wenn die Liebe sich vollendet, kann der Austausch der Herzen stattfinden:

*Tout m'a mon cor e tout m'a me
e se mezeis e tot lo mon*

Sie hat mein Herz geraubt, sie hat mir alles geraubt,
Sowohl mich selbst als auch die ganze Welt

(*Quan vei la lauzeta mover,* BERNARD DE VENTADOUR, 1147–1170)

Die Erfüllung liegt oft in weiter Ferne. Dennoch ist der »Akt« Gegenstand vieler als obszön bezeichneter *cansos*, die die Philologen des 19. Jahrhunderts in ihren Sammlungen nicht übersetzten, als sie im Gefolge der Romantik die Kunst der Troubadoure wiederentdeckten. Über eine Frau, die ihm *sa drudaria et son anel* (ihr Fleisch und ihren Ring) gewährt hatte, sagt Wilhelm von Aquitanien:

Enquer me lais Deus viure tan
qu'aia mas mans sotz son mantel!

Möge Gott mich noch so lange leben lassen
Daß ich meine Hände unter ihren Mantel stecke!

(*Ab la doussor del temps novel*)

Aber bei den Dichtern der Folgezeit rückt der »Akt« in weite Ferne. Die Dame legt ihrem Verehrer eine Reihe von Prüfungen auf, Stufen der Vertrautheit, die in den Texten von verliebten Blicken, einem Lächeln, der Gewährung der Hand bis zum Anblick der nackten Frau, ohne sie zu berühren, und der Erlaubnis, bei ihr zu schlafen, aber nur ihren Oberkörper zu berühren, reichen, so daß der sexuelle Akt grundlos hinausgezögert wird. Wie kann man diese aufgeschobene Liebe begreifen? Sie kann bis zur »Liebe von ferne« für eine nie gesehene Frau gehen:

Amors de terra lonhdana
per vos totz le cors mi dòl

Liebste aus fernen Landen
Wegen Euch tut mir mein ganzer Körper weh

(*Quan lo rius de la fontana,* JAUFRÉ RUDEL, 1125–1148)

Die Distanz zum »Akt«, also zur Frau selbst, läßt sich mit dem Streben nach der *mezura,* dem Maß, erklären, ein weiteres Schlüsselwort des *trobar.* Es ist dies ein Begriff, der die gesamte Kultur des Mittelalters durchzieht: die Suche nach dem Maß, nach der Ausgewogenheit, nach jenem Punkt des Gleichgewichts, der so schwer zu finden ist, weit entfernt von der Maßlosigkeit des Stolzes, des Zorns, der auflodernden Triebe, aber auch von der Abstraktheit und Trockenheit der reinen Ideen.

Im Bereich der Erotik heißt das, nicht zum Spielball allein der Triebe zu werden, sondern sie mit Vernunft zu ergänzen. Aber des weiteren kann die *mezura* die Sorge um die Wechselseitigkeit des Strebens nach Lust beider Partner des Liebesspiels ausdrücken. Ende des 12. Jahrhunderts schreibt Andreas Capellanus, der die höfische Liebe in seinem Traktat *De amore* theoretisch untermauert: »Alles das, was der Liebende von seiner Geliebten erhält, verliert seinen Reiz, wenn sie es ihm nicht freiwillig gewährt hat.« Und weiter: »Wenn sie sich den Liebesfreuden hingeben, sind alle Liebenden gehalten, ihren gegenseitigen Wünschen Genüge zu tun.«[29]

Das stellt eine wahre Revolution der Vorstellung von den sexuellen Beziehungen dar, die sich im Zuge der Verehrung der Dame entwickelt, die von den Troubadouren öfter mit einem Herrn verglichen wird, dessen Lehnsmann sie seien:

Bona domna! re no-us deman
mas que'm prendatz per servidor
qu'e-us servirai com bon senhor
consi que del gazardon m'an.
Ve-us m'al vostre comandamen ...

Edle Dame! Ich bitte Euch um nichts
Als daß Ihr mich als Euren Diener annehmt
Denn ich werde Euch wie meinem edlen Herrn dienen
Was auch immer meine Entlohnung sein wird.
Ich stehe zu Eurer Verfügung ...

(*Non es meravelha s'eu chan,* BERNARD DE VENTADOUR, 1147–1170)

Es ist gewissermaßen die *domna*, die die Spielregeln bestimmt
und darüber entscheidet, welche Gunst sie ihrem Liebhaber gewährt oder nicht gewährt. Die Analogie zu dem Dienst, den der
Ritter seinem Lehnsherrn leisten muß, dem er den Lehnseid geschworen hat, kommt hier ganz zum Tragen. So wie der Ritter
von den Schenkungen abhängt, die sein Herr ihm als Gegenlei-
stung für seine Dienste gewährt – ihm allerdings auch gewähren muß, bei Gefahr des Verrats von seiten des Lehnsmannes –,
so entscheidet die Dame über die Gaben, die sie demjenigen, der
nach ihrer Liebe strebt, nach und nach gewährt.

In diesem Zusammenhang und aufgrund einer gewissen
Anzahl von Indizien hat Nelli als erster die These eines wahren
Ritus aufgestellt: des *asag* oder *assai*, einer Probe, die darin besteht, daß es erlaubt ist, zu halten, zu umarmen, zu küssen und
zu liebkosen (*tener, abrassar, baizar, manejar*), vorausgesetzt, daß
diese Zärtlichkeiten nicht zum eigentlichen Beischlaf führen. Es

sei denn, die Dame entscheidet anders. Nach einer gewissen Zeit, über die sie allein bestimmt. Dem Troubadour bleibt beim Warten nichts, als zu hoffen (*esperar*), ein weiterer häufig verwendeter Begriff. Eine verführerische These, die durch einige Anspielungen in den *cansos* gestützt wird[30], aber nicht bewiesen ist. Ob nun aber die Angelegenheit ritualisiert war oder nicht – die Themen des *trobar* bedeuten jedenfalls eine Revolution, die die bis dahin vorherrschende Sichtweise des Liebesakts, bei der der Mann die Frau nimmt, notfalls mit Gewalt, auf den Kopf stellt. Dabei wurde der Mann regelmäßig mit einem Jäger verglichen und die begehrte Frau mit der Beute. Jetzt ist es die Frau, die dem Mann befiehlt: Sie erlegt ihm auf, sein Verlangen und sein Tun zu mäßigen, und entscheidet allein über den Ausgang. Was wird hier auf die Probe gestellt? Sicher die Fähigkeit des Mannes, im Laufe einer langfristigen – sowohl geistigen als auch sinnlichen – Beziehung mit der begehrten Frau unter Beweis zu stellen, daß seine Liebe aufrichtig ist, wie René Nelli sagt?

Aber es ist auch – inmitten dieses Spiels mit dem Feuer – die Erfindung des Gefühls der Liebe, das bis dahin der männlichen *amicitia* (Freundschaft) der Antike vorbehalten war, die theoretisch soweit gehen konnte, daß man sein Leben für den Freund opferte. Nun wird dieses äußerst starke Gefühl auf die Beziehung zwischen den Geschlechtern übertragen. »Die Liebe? Eine Erfindung des 12. Jahrhunderts!«, um den berühmten Ausruf eines Historikers aufzugreifen.[31]

Es sei noch einmal unterstrichen, daß die ritualisierten Etappen dieser Liebesproben hocherotisch aufgeladen sind: Zu schauen, zu berühren, sich an der Seite der begehrten Frau auszustrecken und die »Entladung« endlos hinauszuzögern und zu verschieben bedeutet, das Verlangen beständig anzufachen.

Es um seiner selbst willen zu steigern, es ewig auszudehnen, unter
Mißachtung des Genusses.

E valon mais de leis li lonc dezir
que s'avia d'autra tot mon voler

Und ich ziehe es vor, mich lange nach ihr zu sehnen
Als von einer anderen all meine Wünsche erfüllen zu lassen

(PEIRE ROGER, 1160–1180)

Die Linderung, die Erfüllung – oder Nicht-Erfüllung – des
»Akts« in die Hand der Frau zu geben, die darin mit einem
Herrn verglichen wird, heißt auch, in gewisser Weise die Ver-
träge vorwegzunehmen, die den Schriftsteller Sacher-Masoch
mit seiner »Gebieterin« verbinden. Von der *domna* des *trobar* zur
Domina einer masochistischen Beziehung ist es zuweilen nur
ein winziger Schritt:

Bel m'es quant ilh m'enfoletis
e-m fai muzar e-n vau badan
de leis m'es bal si m'escarnis
o-m torn dereire o denan
qu'aprop lo mal m'en venra bes
ben lui s'a leis ven a plezer

Es gefällt mir, wenn sie mich verrückt macht
Mich meine Zeit vergeuden oder schmollen läßt
Es gefällt mir, daß sie mich auslacht
Und mich von hinten und vorne verspottet

Denn nach dem Schlechten wird für mich daraus etwas Gutes
erwachsen
Vielleicht, wenn es ihr so gefällt

(*Qu'an l'aura doussa s'amarzio,* CERCAMON, UM 1120–1135)

Sofrir, leiden, ist so einer der beliebtesten Begriffe der Troubadoure.

Aber das Leiden ist nicht alles, und das Vergnügen entschä-
digt den Liebenden oft für seinen Schmerz:

Quan de ma domna sui laire
Ges no'm tenc per malvatz afan
Quan sui nutz en son repaire
E sos costatz tenc e mazan
Ieu no sai nulh emperador
Vas me puesca gran prètz culhir
Ne de fin'amor aver mais

Wenn ich selbst der Dieb meiner Dame bin
Sehe ich meinen Schmerz nicht als schlimm an
Wenn ich nackt in ihrer Wohnung bin
Und sie umarme und ihre Seiten streichle
Kenne ich keinen Kaiser
Der imstande wäre, eine größere Belohnung zu ernten
Und mehr vollkommene Liebe zu erhalten

(*Lanquan lo dous temps s'esclaire,* BERNART MARTI)

Die Theorie von Denis de Rougemont, der in den okzitanischen Dichtern ausnahmslos verkappte Katharer sieht[32], hat René Nelli, dessen Sympathie für die Kirche der »Vollkommenen« nicht zu leugnen ist, widerlegt. Die *domna* der Texte ist eine Frau aus Fleisch und Blut, und wenn einige Troubadoure mit der Häresie der Katharer sympathisiert haben, taten sie das nicht im Verborgenen. Der scharfe *sirventes* (Satire) von Guilhem Figueira (1215–1240) gegen Rom, das »nach Art einer Besessenen zuviel an sich gerissen hat«, ist ein Beispiel kämpferischen Widerstands gegen die Kirche, die die okzitanische Zivilisation während des Albigenserkreuzzugs zugrunde gerichtet hat.

Die Versuchung, in der Dame eine geistige Figur zu sehen, diesmal keine häretische, sondern eine katholische und römische, ist bei Régine Pernoud zu spüren, die wiederum von den Untersuchungen Reto Bezzolas beeinflußt ist, wenn sie die höfische Dichtung als Erbin der »Gedichte des Venantius Fortunatus für Königin Radegunde und Agnes, Äbtissin des Heilig-Kreuz-Klosters,« sieht und sich dann angesichts der weit entfernten Dame, die Jaufré Rudel besingt, fragt, »ob er nicht auf eine rein übernatürliche Liebe anspielt«.[33]

In Wirklichkeit hat die Kirche, wenn man die Texte der Troubadoure in chronologischer Reihenfolge betrachtet, schließlich diese Art Liebesreligion verurteilt, die sich deutlich von der Marienverehrung unterschied und ihr Konkurrenz machte, wie Nelli gezeigt hat. In der Folgezeit haben die letzten Vertreter des *trobar* die Jungfrau anstelle der Frau besungen, sei es Floquet de Lunel, Verfasser eines *cansò* an die Jungfrau, oder sein Zeitgenosse Guiraut Riquier, Verbannter am Hof des allerchristlichsten Alfons von Kastilien, oder die Bürger aus Toulouse,

die im 14. und 15. Jahrhundert in einer Runde des *Gai Savoir*, des
fröhlichen Wissens, versammelt waren.

Ganz anders ist der Ton bei Bertran de Born:

Rassa domn'ai qu'es fresca et fina
conhda e gaia e mesquina:
pel saur a color de robina
blanca pel cors com flors d'espina
coude mol ab dur tetina
e sembla conil de l'esquina
a la fina fresca color ...

Rassa, ich habe eine Dame, die frisch und fein ist
Liebenswert, fröhlich und jung:
Blonde Haare, ein Teint wie ein Rubin
Ein weißer Körper wie eine Hagedornblüte
Der Ellbogen ist zart und die Brust fest
Den Rücken könnte man mit einem Kaninchen vergleichen
Seiner reinen und frischen Farbe wegen ...

(*Rassa tan creis,* BERTRAN DE BORN, 1159–1195)

Aus dem erzwungenen Verfall einer literarischen Gattung, die
nach dem Kreuzzug gegen die Albigenser unter die strenge Überwachung der kirchlichen Autoritäten gestellt ist, christliche Ursprünge zu folgern, hieße, den Verlauf der Geschichte auf den
Kopf zu stellen. Man sieht hier, wie einige Annäherungen an die
Texte mit einer musikwissenschaftlichen These übereinstimmen:
Wenn der Troubadour musikalisch gesehen zunächst ein »Tropenmacher« ist, warum sollte er nicht im sprachlichen Bereich zu-

nächst jene Briefe mit zweideutigem Beiklang fortsetzen, die sich Äbte und Äbtissinnen im Hochmittelalter schrieben?

Aber die Texte der Troubadoure sprechen eine andere Sprache: Sie zögern nicht, die Liebesfreuden und die geistigen Güter einander gegenüberzustellen – zugunsten der begehrten Frau.

... e domna qu'ab dital drut jatz
es monda de totz sos peccatz
Und die Dame, die mit einem solchen Liebhaber schläft
Ist befreit von all ihren Sünden

(*Be-m platz lo gais temps de pascor,* BERTRAN DE BORN, 1159–1195)

Que tan la am e la volh
que s'era cochatz de mort
non querri'a Deu tan fort
que lai sus en paradis
m'acolhis
com que-m des lezer
d'una nog ab leis jazer
Denn ich liebe und begehre sie so sehr
Daß, wenn ich mit dem Tode bedroht würde
Ich Gott nicht so innig bitten würde
Mich dort oben in seinem Paradies
Zu empfangen
Als mich
Eine Nacht mit ihr schlafen zu lassen

(*Lo clar temps vei brunezir,* RAIMON JORDAN, 1178–1195)

Weit entfernt von übertriebener Vergeistigung, hat Ezra Pound, der die Texte der Troubadoure gelesen hat und ihre Worte ernst nimmt, sich mit einem der allerersten beschäftigt, um die formale Schönheit ihrer Gedichte zu zeigen, die komplizierte Technik, die ihre Struktur bestimmt. Er stimmt hier mit einigen jüngeren musikwissenschaftlichen Wertschätzungen überein, die ihrerseits die komplexe Schönheit der Melodien des *trobar* unterstreichen. Dabei kann er wie jeder, der sich die Mühe macht, sie zu lesen, und das Vergnügen hat, sie zu hören, nicht umhin, zwischen ihnen zu differenzieren: Sicher, es gibt Schlüsselwörter, wiederkehrende Begriffe, aber jedem der Troubadoure ist auch etwas Besonderes zu eigen. René Nelli und Régine Pernoud haben ebenfalls darauf verwiesen. Auf der anderen Seite scheint Pound einen falschen Weg einzuschlagen, wenn er sich der heikelsten Frage von allen nähert, derjenigen nach den Ursprüngen: »Daß der provenzalische Geist hellenisch war, wird jedem einleuchten ...«[34]

»Ungleiches Paar« | Kupferstich von Hans Baldung, genannt Grien | 1507

Nach den kryptokatharischen Troubadouren von Denis de Rougemont und den christlichen Spiritualisten von Bezzola und Pernoud nun also die Erben angeblicher »Bruchstücke griechischer Mysterien«, die in der Provence überlebt hätten. Historisch gesehen spricht nichts für diese neue These.

Letztlich scheint uns die Frage nach den Ursprüngen bei René Nelli am stichhaltigsten behandelt zu sein. Er zeigt, daß heidnische Bräuche ihren Eingang in die Poetik des *trobar* gefunden haben. Die Bedeutung, die der Ankunft der schönen Jahreszeit zugemessen wird – *Lanquan lo dou temps s'esclaire* (Bernart Marti), *A l'entrada del temps clar* (anonym), *Calenda maia* (Raimbaut de Vaqueiras) –, zeigt, daß Fruchtbarkeitsriten überlebt haben. Der Frühling wird systematisch mit der Sehnsucht in Verbindung gebracht – eine wirksame Überzeugung zu einer Zeit, in der das noch nicht zu einem sinnentleerten Gemeinplatz geworden war. Die Bräuche des *valentinage* – die später in christianisierter Form zum heute verweltlichten Valentinstag werden – waren damals Tage des Ausnahmezustandes, an denen man einer verheirateten Frau ohne Risiko den Hof machen konnte: Man findet den Widerhall davon in der ehebrecherischen Liebe und der Verachtung für die eifersüchtigen Ehemänner, die in der gesamten höfischen Liebe lebendig sind. Weitere Indizien wie die Erotisierung des Vogelgesangs verweisen ebenfalls auf diesen vorchristlichen Hintergrund – der wahrscheinlich keltisch war und nicht hellenisch, wie Pound glaubte, und den das *trobar* übernahm. Ein wichtiger Unterschied trennt jedoch die Themen des *trobar* von ihrem keltischen Hintergrund: Bei den Troubadouren ergreift die Frau nie die Initiative in der Liebesbeziehung. Wir werden sehen, daß im Norden der Lai, eine Form der Dichtkunst, die in Zusammenhang mit der *matière de Bretagne*, der Artussage, steht, der weiblichen Initiative größeren Raum läßt.

Noch prägender ist für Nelli der Einfluß der Schlüsselthemen aus der arabischen Liebesdichtung: der absolute Vorrang des Blicks als Auslöser des Liebesgefühls, der Tod aus Liebe, der

Austausch der Herzen, die Unterwerfung unter die Dame, die Vereinigung im Traum und die weit entfernte Fürstin. Wenn Nelli zusammenfaßt: »Das okzitanische Empfindungsvermögen verdankt es der muslimischen Kultur in Spanien, daß sie so früh zum Leben erwachte«[35], so stimmt er darin mit J. Chailley überein, der bei seinen Untersuchungen zur Musik der Troubadoure jene Spur berücksichtigte, die den Ursprung der in den Miniaturen dargestellten Instrumente bestätigte.

Eine Reihe von Themen, die beim arabischen Adel in Andalusien entstanden waren, sollte nach und nach die großen okzitanischen Lehnsherren verführen. Man sieht nämlich, wie im 11. und 12. Jahrhundert in Frankreich und dann in ganz Europa eine volkssprachliche Kultur entsteht, die das Rittertum (den Stand der *bellatores*, der Kämpfer) kennzeichnet, das auf diese Weise versucht, seine Macht zu bekräftigen und seine Werte von denen der Kirche (dem Stand der *oratores*, der Betenden) oder der Bauern (der *laboratores*, der Arbeiter) abzugrenzen. Das ist eine weitere Konnotation des Begriffs *fin'amor*: verfeinerte Liebe in dem Sinn, daß sie nur der Feudalhöfe würdig ist.

Aber vor allem gilt es wahrzunehmen, wie das *trobar* den aus dem vorchristlichen Hintergrund hervorgegangenen Überzeugungen und den aus der arabisch-andalusischen Dichtung entliehenen Themen eine neue Färbung verleiht: wie die *fin'amor* das Erbe behandelt, das ihr aus der Tiefe der Zeiten zuwächst oder das sie der glanzvollen Zivilisation von al-Andalus entnimmt.

Das hellenistische Erbe ist größtenteils über die Araber in Spanien auf uns gekommen, und es scheint, daß die andalusische Poetik die Erotik wohl nach Art eines griechischen Philosophen wie Platon versteht: Die Liebe transzendiert den Körper des anderen, es handelt sich um ein Gefühl, das es erlaubt, in geistige Sphären vorzudringen. Die Summe dieser Anschauungen zieht der Traktat *Von der Liebe und den Liebenden*, den ein hervorragender Gelehrter aus der arabischen Oberschicht, Ibn Hazm (Cordoba, 994–1064), in der ersten Hälfte des 11. Jahrhunderts verfaßte. Er steht eindeutig in dieser Traditionslinie: »Meine eigene Auffassung ist, daß die Liebe eine Vereinigung von den in dieser erschaffenen Welt getrennten Seelenteilen in ihrem höheren Ursprungselement ist (...).«[36]

Das Verlangen ist hier ein Mittel, nicht ein Ziel an sich. Mystische Erhöhung des Verlangens, Vervollkommnung der Geliebten, die den Wert einer geistigen Offenbarung hat. Diese Dimension fehlt bei den Provenzalen: Sie gehen soweit, die Liebesbeziehung zu vergeistigen, aber es ist die Frau aus Fleisch und Blut (und aus Geist), die das Ziel ihrer Sehnsucht bleibt, so sehr sie auch verherrlicht wird. In diesem Sinn birgt ihre »Liebesreligion«, die weit entfernt von jedem Platonismus ist, eine antichristliche Dimension.

Zudem wird in der maurischen Dichtung wie in Okzitanien die Liebe außerhalb der Ehe gelebt. Der Grund dafür scheint offensichtlich: Diese Gesellschaften priesen zu Beginn die homosexuelle Verbindung, die den Freund mit dem Freund vereinte, nach dem antiken Modell der männlichen Verbrüderung.[37] Die Frau trat hier als ein fremdes oder sogar gefährliches Geschöpf auf, mit der man sich vereinigen konnte, um Kinder zu zeugen oder durch eine Erbschaft seine Stellung zu verbessern. Und sie wird im christlichen Abendland Gegenstand heftigen Argwohns von seiten der Kirche.

Aber Nelli kann überzeugend zeigen, wie die Gefühle, die die männliche *amicitia* (Freundschaft) ausmachten, im Laufe der folgenden Troubadourgenerationen nach und nach auf die heterosexuelle Beziehung übertragen werden. Und wie der rohe Trieb, der etwa bei Wilhelm von Aquitanien noch eine Rolle spielt, verfeinert wird und allmählich der Gegenseitigkeit der Gefühle und der geteilten Lust bis hin zur Selbstaufopferung weicht. Nelli erklärt diese Läuterung des Verlangens mit der niedrigen sozialen Stellung der Troubadoure, die aus dem Großbürgertum oder dem mittellosen Rittertum stammen und nach der Liebe von Frauen aus dem Hochadel streben. Dabei unterscheidet er »höfische Liebe« im eigentlichen Sinn, die sich den Wünschen der großen Herrinnen unterwirft, und »ritterliche Liebe« in dem Sinn, daß mächtige Herren die *fin'amor* letztlich nur als eine verführerische Pose, einen Vorwand für den Ehebruch als Gesellschaftsspiel begreifen.

Diese Unterscheidung erscheint uns unzulässig: Sie bedeutet, die Texte einseitig auszulegen, die einen als ehrlich, die anderen als verlogen zu beurteilen, und all das nur auf der Grundlage ihrer angenommenen sozialen Herkunft.

Eine ähnliche Schwachstelle beeinträchtigt die Interpretation des großen zeitgenössischen Mediävisten Georges Duby, obwohl sie in die entgegengesetzte Richtung zielt. Er sieht in der höfischen Liebe ein raffiniertes Vergnügen, das letztlich homosexuell geprägt sei. Unter den wohlwollenden Augen des Fürsten sei den Jungen, jenen mittellosen Rittern, die vom väterlichen Erbe ausgeschlossen waren, da dieses dem Ältesten zufiel, um das Familienerbgut nicht zu zerstückeln, und den wohlhabend gewordenen Bürgern, beide auf der Suche nach ihrem Platz in der Gesellschaft, erlaubt worden, die Frau des Herrn zu umwerben.

Es wäre demnach die Treuepflicht des jungen Mannes oder des Bürgers gegenüber dem großen Lehnsherren, also eine rein männliche Angelegenheit, die dieses Spiel, diesen Wettkampf motivierte, bei dem die Frau nur der Lockvogel wäre. »Man muß sich fragen, ob in diesem Dreieck von jungem Mann, Dame und Herrn der Hauptvektor, der deutlich vom Freund zur Dame verläuft, nicht von letzterer abprallt, um sich auf den Dritten, sein tatsächliches Ziel, zu richten, und das selbst, wenn er nicht ohne Umweg auf ihn zielt.«[38]

Diese These hat zwei Schwachstellen. Zunächst übergeht sie stillschweigend, daß »nicht selten der Verfasser der höfischen Gedichte, der Troubadour, der Herr, der Fürst ist«, wie Jean-Jacques Pauvert gezeigt hat.[39] Wilhelm IX. erbt Poitou, die Gascogne, Angoumois und Limousin, das heißt wichtige Gebiete, die damals nur dem König selbst unterstehen. Jaufré Rudel ist Herr von Blaye. Raimbaut d'Orange ist väterlicherseits Erbe bedeutender Ländereien in den Diözesen von Montpellier und Maguelonne und mütterlicherseits der Herrschaft von Orange und des Lehens von Courhézon. Raimon Jordan ist Vicomte von Saint-Antoine. Bertran de Born, der kämpferische Herr der Burg von Hautefort, besingt ebenso die Krieg wie die Liebe. Pons d'Ortafa ist Sohn des Herrn von Ortafa und Bremissenda. Guilem de Berguedan, ein Spanier, der in okzitanischer Sprache schreibt, ist ein mächtiger Baron ...

Und die anderen?

Über Marcabru – »nie hat man erfahren, wer er war, noch, woher er kam« – berichtet seine *vida*, seine Biographie, daß er genau wie sein Zeitgenosse Cercamon von Beruf fahrender Sänger war. Peire d'Auvergne wird »Bürgersohn« genannt. Bernard de Ventadour »war ein Mann ärmlicher Herkunft, Sohn eines Dieners, eines Bäckers, der den Ofen anheizte, in dem das Brot für die Burg gebacken wurde«. Nachdem sein

Schutzherr, der Vicomte von Ventadour, ihn wegen eines Verhältnisses mit seiner Frau vertrieben hatte, wurde er am Hof Eleonores von Aquitanien, der Enkelin Wilhelms IX., aufgenommen. Diese hatte sich von Ludwig VII., König von Frankreich, getrennt, um den Herzog der Normandie zu heiraten, der als Heinrich II. Plantagenêt der zukünftige Herrscher Englands werden sollte.

Peire Roger verließ das Domkapitel von Clermont, um fahrender Sänger zu werden. Am Hof Ermengards von Narbonne »glaubt man, daß ihm von ihr die Freuden der Liebe gewährt wurden (...) Dann entließ sie ihn aus Furcht vor Gerede ...«

Arnaut Daniel, der großen Einfluß auf die italienischen *trovatori* ausübte und von Dante, Petrarca – und Ezra Pound – wegen seiner Wortkunst bewundert wurde, war ein armer Edelmann, der fahrender Sänger geworden war.

Folquet von Marseille, Erbe eines schwerreichen Genueser Kaufmanns, war 20 Jahre lang Troubadour, bis er schließlich Bischof und Inquisitor von Toulouse wurde und während des Albigenserkreuzzugs die höfische Gesellschaft verleugnete und verfolgte, in der er zuvor Karriere gemacht hatte.

Guillaume de Cabestan hatte der Frau des mächtigen Raimon de Castel Rossilhon den Hof gemacht. Sein Biograph behauptet, daß der eifersüchtige Herr nach der Ermordung des ritterlichen Troubadours dessen Herz der Dame als Mahlzeit vorgesetzt habe. Es handelt sich hier um das Sagenmotiv des »verzehrten Herzens«, das in der mittelalterlichen Literatur sehr beliebt war. Aber diese Anekdote spricht ebenso wie die über Bernard de Ventadour oder Peire Roger Bände über die tatsächlichen Risiken, die die »armen« Liebhaber oder Verehrer von Frauen aus dem Hochadel dem Zeitgeist entsprechend eingingen: Da ist nichts von jenem Wohlwollen zu spüren, das Duby den mächtigen Ehemännern zuschreibt.

Reiche Bürgersöhne oder Habenichtse, Ex-Kanoniker, mittellose Ritter und schließlich ein Wandermönch: Monge de Montaudon, dem König Alfons von Aragon befohlen hatte, »Fleisch zu essen, den Damen den Hof zu machen, zu singen und zu ›erfinden‹ ...«.

»Geselliges Beisammensein in einem Liebesgarten« | Federzeichnung aus dem »Mittelalterlichen Hausbuch« | 15. Jh.

Die soziale Herkunft der Troubadoure, die nicht dem Hochadel angehörten, ist also sehr vielfältig und läßt den Schluß zu, daß ihre Verführungskraft und ihr Talent ihnen gesellschaftliche Anerkennung einbrachten und daß sie – bei allen Risiken und Gefahren – auch imstande waren, tatsächlich Gunstbeweise der großen Damen zu erringen, selbst wenn diese Männer das *joglar* ausübten, also von Hof zu Hof, von der Provence nach Spanien, Italien und selbst nach England zogen, um ihre Dienste anzubieten.

Einen zweiten Einwand, und zwar einen gewichtigen, gegen die These eines männlichen homosexuellen Spiels, die Georges Duby entwickelt hat, bildet das Phänomen der weibliche Troubadoure, die man gewöhnlich als *trobairitz* bezeichnet. Sie gehören in die Blütezeit des *trobar* in der Provence und widerlegen Ende des 12. Jahrhunderts eine Sichtweise des Mittelalters als einer ausschließlich männlich dominierten Kultur.

Sicher, es sind nur etwa 30 Texte erhalten, und nur eine Melodie hat überlebt. Aber Biographien und Miniaturen zeugen ebenfalls davon, daß es sehr wohl *trobairitz* gab. Ihre Namen klingen durch die Jahrhunderte wie verführerische Einladungen: Azalaïs de Porcairagues, Na Beiris de Romans, Na Castelosa, Clara d'Anduza, Comtessa de Dia, Na Tibors de Sarenom, Alamanda, Lombarda, Marie de Ventadour, Azalaïs d'Altier ...

Ihre Dichtung kehrt die des männlichen *trobar* um: Hier ist es die Frau, die hofft, die die Freude, zu lieben und geliebt zu werden, besingt oder klagt, betrogen oder verlassen worden zu sein. Aber es wird nicht einfach nur alles genau spiegelbildlich wiederholt: Pierre Bec hat in seiner Anthologie *Chants d'amour des femmes-troubadours* (Liebeslieder weiblicher Troubadoure)[40] einige nicht unerhebliche Nuancen aufgezeigt. Während die Männer sich oft selbst als *troveurs*, »Finder«, einstufen, fehlt dieses Wort in der weiblichen Poetik. Und der klassische Einstieg, der die Erneuerung der Natur beschwört, fehlt ebenfalls: Die Frauen kommen unmittelbar zum Kern der Angelegenheit.

Während schließlich die Troubadoure die Frau als *domna* bezeichnen, findet sich die männliche Entsprechung (*senher*, Herr) nicht bei den *trobairitz*, die den Geliebten oder den Liebhaber *amic*, Freund, nennen. Die Biographien der weiblichen Troubadoure schreiben ihnen öfter eine adlige Abstammung zu: Es sind fast keine Texte bekannt, die einer fahrenden Sängerin zugeschrieben würden, die ihren Unterhalt mit ihrem Talent hätte bestreiten müssen. Man kann es also so erklären, daß jene hochgeborenen Frauen nicht auf ihre Eigenschaft als Damen und damit als Gegenstand männlicher Verehrung verzichteten.

Die *tenson*, das Streitgespräch, das Marie de Ventadour, einer großen Schutzherrin von Troubadouren, und dem berühmten Troubadour Gu d'Ussel zugeschrieben wird, stützt diese Interpretation:

»Gui, der Geliebte soll von der Gnade [seiner Dame] alles erflehen, was er ersehnt, und die Dame ist verpflichtet, ihm das zu gewähren, unter der Voraussetzung, daß der Geliebte den günstigen Augenblick abwartet: Denn der Geliebte muß Bitten und Befehle in derselben Weise an sie richten, ob sie nun seine Freundin oder seine Dame ist ...«

Und die *trobairitz* schließt:

»... aber die Dame soll ihren Geliebten ehren wie einen Freund und nicht wie einen Herrn.« (*E'lh domna deu a son drut far onor cum ad amic mas non cum a senhor.*)

Es lohnt sich, sich noch ein wenig bei diesen Sätzen aus dem späten 12. Jahrhundert aufzuhalten. Von seiten der Dame zeichnet sich hier der Wunsch ab, immer als Dame behandelt zu werden, egal, welche Beziehungen zwischen den Partnern bestehen. Der Geliebte soll weiter Bitten und Befehle an sie richten und den günstigen Augenblick abwarten, über den die Geliebte entscheidet – ob die Frau nun seine Freundin oder seine Dame ist. Nichtsdestotrotz wird die Frau nach der Entscheidung dafür, dem Verlangen des Mannes nachzugeben, ihn als Freund behandeln, also von gleich zu gleich, und nicht als Herrn.

Die Worte, die Marie de Ventadour zugeschrieben werden, scheinen uns einen neuen Typ von Liebesbeziehung anzukündigen, der die ovidische Dialektik von Beute und Jäger verwirft und bei der das Spiel der Verführung weder abgeschafft wird noch mit dem Sieg einer der beiden Parteien endet. Hier wird der uralte Kampf der Geschlechter aufgehoben, außer Kraft gesetzt. Und bei genauerem Hinsehen kündigen einige Worte des männlichen Kämpfers Wilhelm von Aquitanien zu Beginn des *trobar* jenen beispiellosen Waffenstillstand schon an:

Ich entsinne mich noch eines Morgens
An dem wir den Krieg beendet haben
An dem sie mir ein so großes Geschenk gewährt hat:
Ihren Körper und ihren Ring.[41]

DORÉE D'AMOUR

»Vom Hals bis zum Haken ihres Oberteils ist das,
was ich von ihrer entblößten Brust gesehen habe,
weißer als der frischgefallene Schnee.«

Cligès

CHRÉTIEN DE TROYES (1176/1177)

Der den Liebenden gewidmete große Gesang der Trouvères, der
nordfranzösischen Minnesänger, der Gace Brulé, Blondel de
Nesle, Châtelain de Coucy, Thibaut de Champagne, Conon de
Béthune, Gautier de Coincy und vieler anderer, beginnt bescheiden am Hof von Marie von Champagne, als Chrétien de
Troyes bewußt die Dichter der *langue d'oc*, der okzitanischen
Sprache, in der *langue d'oïl*, dem Französischen, nachahmt. Die
beiden Lieder, die ihm zugeschrieben werden und erhalten sind,
erneuern die Gattung nicht grundlegend, und der spätere große
Romancier des Mittelalters zeigt sich nicht auf der Höhe seines
literarischen Könnens.[42]

Sein Zeugnis ist trotzdem von Bedeutung: Es zeigt, wie sich
am Hof der Tochter Königin Eleonores von Aquitanien, die
selbst wiederum die Enkelin Wilhelms IX., des ersten bekannten
Troubadours, ist, der Übergang von einer Lyrik zur anderen voll-

zieht. Troyes in der Champagne war damals eine blühende Stadt, die zwei große jährliche Messen zu einem europäischen Treffpunkt machten: Man begegnete hier Tuchhändlern aus Flandern, italienischen Bankiers, Juden und Templern. Der Graf der Champagne, Heinrich mit dem Beinamen »le Libéral«, der darauf zurückging, daß er die freien Künste, die *artes liberales*, studiert hatte, war ein ebenso hervorragender Verwalter wie Gelehrter. Seine Frau Marie förderte neben Chrétien de Troyes noch zahlreiche weitere Künstler. Sie führte damit die Politik fort, die schon viele der großen okzitanischen Damen verfolgt hatten, etwa Ermengard von Narbonne oder Marie de Ventadour. Zweifellos war es in Troyes und auf die Anregung der wiederholt genannten Marie von Champagne hin, daß Andreas Capellanus seinen *Tractatus de amore* (Traktat von der Liebe) verfaßte.

Wir befinden uns im späten 12. Jahrhundert, und die höfischen Themen sind außerhalb Okzitaniens derzeit in Mode. Es stellt sich die Frage, ob diese Themen, so neu sie auch sein mögen,

»Orientalin mit entblößter Brust« | Martin Schongauer | nach 1470 ∎

in dieser Zeit tatsächlich das Liebesverhalten mancher Europäer beeinflußt haben. Diese Dichtung der Verführung, bei der der Liebende – seltener auch die Liebende – schreibt und singt, um zu bezaubern, dieses erste Mal, daß jemand in der ersten Person das Wort ergreift, diese Dichtung, in der der Name der Geliebten in einem *senhal*, einem verschlüsselten Beinamen, verborgen wird, die Sehnsucht enthüllt, deren Gegenstand aber verhüllt wird, all das soll nur erdichtet sein? Wir haben gesehen, wie mißtrauisch Georges Duby der sogenannten höfischen Liebe gegenüberstand, indem er sie als ein Spiel einschätzt, das in Wirklichkeit eine Treuepflicht unter Männern verbirgt. Dennoch nimmt er in einer seiner letzten Schriften eine differenziertere Haltung ein, die unserer Ansicht nach zutreffend auf die Frage nach dem Verhältnis von dichterischer Fiktion und gelebten Verhaltensweisen antwortet.

Duby stellt zu den höfischen Romanen über die Ritter der Tafelrunde fest: »Alle, die dieser Literatur begeistert lauschten, neigten zur Nachahmung der ihnen vorgeführten Art, zu denken, zu fühlen und zu handeln.«[43] Wenn sie dem Publikum am Hof gefiel, dann deshalb, weil der höfische Dichter auf seine Erwartungen und seine Sorgen antwortete. Wir dürfen nicht glauben, daß die mittelalterliche Literatur oder allgemein die Kunst des Mittelalters ein genaues Abbild des damaligen Lebens darstellt, aber wenn diese Kunst Gefallen fand und als überlieferungswürdig betrachtet wurde, liegt das daran, daß die damalige Gesellschaft sich selbst und ihre Ziele darin wiedererkannte und sich umgekehrt an den Verhaltensweisen ihrer Helden und Heldinnen orientierte.

In diesem Zusammenhang versucht der *Traktat von der Liebe* von Andreas Capellanus, die auf das höfische Leben zurückgehenden Verhaltensregeln theoretisch zu erfassen. Es handelt sich um das Werk eines Klerikers, das in lateinischer, also gelehrter Sprache verfaßt ist. Es ist die sehr riskante Herausforderung, aus Themen, die durch die Troubadoure und dann durch die Trouvères in Mode gekommen sind, ein intellektuell gültiges theoretisches System zu schaffen. Man wird sich auch fragen müssen – was scheinbar nur wenige getan haben –, ob diese Abhandlung nicht ihre humorvolle Seite hat: Häufig greift Andreas Capellanus zu äußerst raffinierten Redewendungen, die letztlich nichts anderes als handfestes Verlangen beschönigen. So etwa in den acht Dialogen, die er unter der Überschrift »Wie viele Mittel gibt es, die Liebe zu gewinnen, und welche sind es?« vorlegt. Darin versucht ein Bürgerlicher erst eine Bürgerliche, dann ein Frau aus dem niederen Adel und schließlich eine Frau aus dem Hochadel zu verführen, und anschließend folgt der Dialog zwischen einem Adligen und einer Bürgerlichen und so weiter. Das Ganze stellt eine Reihe hochkarätiger scholastischer Dialoge dar, aber auch eine Ansammlung von Sophismen, auf die die Frauen nicht hereinfallen. Einige ihrer Erwiderungen wären der Schauspielerinnen bei Goldoni würdig, und eine von ihnen, die sich von den Argumenten ihres Partners in die Enge getrieben sieht, spricht den unwiderlegbaren Satz: »... Was wäre eine Liebe, die man durch Gewalt schenkt, gegen die Wünsche seines eigenen Herzens?«[44]

Wenn der Schlußdialog schließlich am Ende der sozialen Stufenleiter einen großen Herrn und eine Dame aus dem Hochadel einander gegenüberstellt, stellt sich plötzlich heraus, daß der fragliche große Herr nichts anderes als – ein Kleriker ist: »Wenn ich eine Dame bitte, mich zu lieben, kann sie mich nicht unter dem Vorwand zurückweisen, daß ich ein Kirchenmann bin; im Gegenteil, ich werde Euch unwiderlegbar beweisen, daß es besser ist, einen Kleriker zu lieben als einen Laien (...) denn es ist bekannt, daß auf dieser Erde nichts nötiger ist, als sich in der Technik all dessen auszukennen, was die Liebe angeht.«[45]

Schon im Mittelalter kannte man den Liebesgarten für Tändelei und Liebe-
lei, wie ihn der abgebildete Kupferstich zeigt, der um 1450 entstand ∎

Abgesehen von dem – freiwilligen oder unfreiwilligen –
Humor scheint uns der Autor etwas zu raffiniert zu sein, um als
naiv durchzugehen; der *Traktat* greift mehrfach Schlüsselwor-
te des *trobar* auf. Die Liebe kommt über die Augen, die Sehnsucht hat ihren Sitz im Herzen, und sie zielt auf die Umarmung
der Geliebten: Der Liebende »sucht die Geheimnisse ihres Körpers zu durchdringen und wünscht jeden Teil davon vorbehalt-
los zu besitzen«.[46] Die Frau lehrt die Liebe. Im Vergleich zur Lehns-
verbindung ist die Liebe der Ehe entgegengesetzt, und die
Verleumder – die eifersüchtigen *lauzengiers* der okzitanischen
Lyrik – lauern im Verborgenen. All das verleiht der Beziehung

Würze, die als »ein wildes Verlangen, verstohlene und heimliche Umarmungen leidenschaftlich zu genießen«[47], definiert wird. Die Sehnsucht aus der Ferne wird verherrlicht, ganz wie bei den Troubadouren. Das Spiel mit dem Feuer (der *asag* René Nellis) wird als reine Liebe bezeichnet, »die die Herzen der beiden Liebenden mit der ganzen Macht der Leidenschaft vereint. Sie besteht darin, den Geist und die Gefühle des Herzens zu betrachten, sie geht bis hin zum Kuß auf den Mund, zur Umarmung und zum Körperkontakt mit der nackten Geliebten, aber in züchtiger Weise, das letzte Vergnügen ist davon ausgeschlossen.«[48]

Interessanterweise greift Andreas Capellanus, der wiederholt auf der notwendigen Gegenseitigkeit der Wünsche der Liebenden besteht, an anderer Stelle Vergleiche wieder auf, die Ovids würdig wären, wenn er den Mann mit einem Raubvogel oder die Verführung mit einer Jagd mit dem Spieß vergleicht, und die oben erwähnten Dialoge stellen ebenfalls einseitige Versuche dar, die Frau dazu zu bewegen, den Mann zu lieben, der sie begehrt. Der Verfasser geht noch weiter: Während die Frau zunächst der Ursprung alles Guten genannt wird, weil sie zur Liebe anregt, ist sie an anderer Stelle die Evastochter, »die die göttlichen Gebote übertreten hat«. Dennoch antwortet die hochadlige Dame auf raffinierte Weise: »Ihr dürft Euch nicht gegen alle Frauen ereifern, nur weil eine Euch Schaden zugefügt hat.«[49]

Aber diese Widersprüche sind noch gar nichts im Vergleich zum ausführlichen Schlußkapitel, in dem der Verfasser sich bemüht, systematisch das über das gesamte Werk hinweg geduldig errichtete Gebäude zu zerstören: Nun geht es darum, »sich dieser Verführungskunst zu enthalten, um ewigen Lohn dafür zu erhalten«.[50] Die Frau, nun plötzlich Ursprung jeder Art von Unkeuschheit, wird auf vielfache Weise verunglimpft, und ein wahrer Katalog des geistlichen Antifeminismus beschließt das Werk. Die Kommentatoren haben sich lange über diesen grundlegenden Widerspruch gewundert. Claude Buridant, Übersetzer von *De amore*, nimmt eine Unterscheidung vor zwischen einer weltlichen Moral, die in den ersten beiden Teilen des Werks verherrlicht, und einer, die im letzten Teil im Namen der christlichen Moral heftig verdammt wird. Diese beiden Morallehren, der Dienst an der Liebe und der Dienst an Gott, stünden sich bei Andreas Capellanus unversöhnlich gegenüber. Und sein Name, das sei hier angemerkt, hat zwei Dimensionen: Er ist ein Mann mit einem Vornamen griechischen Ursprungs und Kleriker durch seinen Beinamen. Festgehalten sei eine unerhörte Aussage inmitten des *Tractatus*, die der hochadligen Dame in den Mund gelegt ist: »Wenn die meisten Menschen davon absehen, gegen Verbote zu verstoßen und Verbrechen zu begehen, tun sie das eher, um der Verurteilung durch die Welt zu entgehen als um den Qualen des ewigen Todes zu entkommen.«[51] Das ist ein Satz, den auch der Marquis de Sade nicht bestritten hätte und der von einem tiefen Gegensatz zwischen den Trieben und der Moral spricht. Es ist letztere, die von der Welt vorgeschriebene Moral, nicht der Glaube an eine Bestrafung im Jenseits, die Überschreitungen hemmt. Es sei auch hervorgehoben, daß jener von einer Frau vorgebrachte Satz im Text von ihrem Gesprächspartner, jenem »großen Herrn«, der sich als Kleriker entpuppt, sofort zustimmend aufgenommen wird. Nun ist es genau aus dem Grund, »den ewigen Lohn zu erhalten«, daß der Leser im letzten Teil des Werks aufgefordert wird, sich jeglichen Liebeshändels zu enthalten.

Georges Duby schreibt zu *De amore*, für ihn sei der Abschluß nicht künstlich. Ihm zufolge ist der Widerspruch des Traktats

nur ein scheinbarer: »Der Verlauf dieser Erziehung führt nämlich Schritt für Schritt zum Geistigen, dazu, sich des Körperlichen, also der Frau, zu enthalten.«[52]

Niemand hat jedoch unseres Wissens bisher bemerkt, eine
wie große strukturelle Analogie das Werk von Andreas Capellanus zu demjenigen seines Vorgängers aufweist, des arabischen
Andalusiers Ibn Hazm, der Anfang des 11. Jahrhunderts die Abhandlung *Von der Liebe und den Liebenden* verfaßte. Wir haben
bereits festgestellt, wie sehr die Themen, die darin entwickelt
werden, auf die der okzitanischen Lyrik vorausdeuten, von der
offensichtlich wiederum Andreas Capellanus beeinflußt ist.
Aber das ist bei weitem nicht das einzige: Die beiden Schriften
beginnen und schließen auf dieselbe Weise. Ibn Hazm widmet
sein Werk einem Freund: »Du hast mir aufgetragen, mein
Freund, für dich eine Abhandlung zu schreiben, in der ich die
Liebe, ihre Erscheinungen, Gründe und Wechselfälle, das, was
in der Liebe geschieht und was ihr widerfährt, wahrheitsgemäß
schildere, ohne zu übertreiben und ohne in die Breite zu gehen.
(...) Ich habe mich beeilt, deinem Wunsche zu genügen, und
wenn es nicht geschehen wäre, um deiner Bitte zu entsprechen,
so hätte ich diese Arbeit nicht übernommen.«[53]

Bei Andreas Capellanus heißt es: »Die starke Zuneigung, die
ich für Dich empfinde, mein verehrter Freund Gautier, treibt
mich inständig, Dir mündlich und durch meine Schriften bekannt zu machen und beizubringen, wie zwei Liebende die Un-
versehrtheit ihrer Liebe bewahren können (...) Obwohl es mir
also nicht angebracht scheint, sich mit solchen Gegenständen
zu beschäftigen (...), macht es mir die Zuneigung, die mich mit
Dir verbindet, ganz und gar unmöglich, dein Ersuchen zurück-
zuweisen ...«[54]

Die beiden letzten Kapitel der Abhandlung von Ibn Hazm, die »Die Häßlichkeit der Sünde« und »Die Fülle der Enthaltsamkeit« überschrieben sind, bieten ebenfalls die Absage an das, was im Rest des Werks verherrlicht wird. Es geht nun nur noch um »die Nichtigkeit dessen, wohin uns die Leidenschaft führt«, und um die Höllenstrafe, die denjenigen erwartet, der sich der Wollust hingegeben hat, »einem köstlichen Gericht, das einen galligen Geschmack zurückläßt«.

Ob nun Andreas Capellanus Zugang zum Werk Ibn Hazms hatte oder nicht, sie erhellen einander jedenfalls gegenseitig. Denn wenn man ihre jeweiligen Einleitungen aufmerksam liest, entdeckt man im Keim schon den Widerspruch, der den Gegenstand, den sie beide reizvoll, mitreißend und unbeschwert schildern – alle beide sprechen davon, daß sie die Angelegenheiten der Liebe »aus Erfahrung« kennen –, und die negativen Schlußfolgerungen, die am Ende gezogen werden, einander entgegensetzt. Die Zuneigung zu einem Freund entschuldigt sowohl Ibn Hazm als auch Andreas Capellanus, über eine so nichtige, so verwerfliche und doch anziehende und köstliche Sache zu schreiben. Man könnte annehmen – wie das Duby bei *De amore* und der Übersetzer von Ibn Hazm bei letzterem in Erwägung gezogen haben –, daß der Weg vom Körperlichen zum Geistigen verläuft, und die beiden Traktate versuchen selbst, uns das weizumachen. Aber das hieße, den leidenschaftlichen Schwung zu leugnen, mit dem jeder von ihnen die Mittel der Liebe beschreibt, und die Heftigkeit, mit der sie sie dann verdammen. Der Dualismus, der den Menschen des Mittelalters bewegt, der die Welt und ihre Vergnügungen liebt und empfänglich für die Reize der Schönheit ist, und die Ablehnung, die die religiöse Weltanschauung schwer auf der Sünde der Wollust lasten läßt, scheinen uns dem Gegensatz in den beiden Werken besser Rechnung zu tragen. Die kirchlichen Autoritäten irren sich nicht: Während die Bücher von Ibn Hazm auf arabischer Seite verbrannt werden, so wird das des Andreas Capellanus in Frankreich verurteilt.

Der Bischof von Paris, Étienne Tempier, untersagt nämlich am 7. März 1277, daß 219 Thesen weiter gelehrt würden. Die Quellen derselben nennt der Zensor nicht – mit einer Ausnahme: *De amore*. Das zielt auf die Universität und das studentische Milieu, wo der Traktat ein Jahrhundert nach seiner Abfassung am Hof der Champagne anscheinend sehr beliebt war. René Nelli geht davon aus, daß diese Verurteilung, die den Traktat des Andreas Capellanus auf die *simplex fornicatio*, auf den unanständigen Aspekt allein reduziert, die provenzalische Erotik ins Visier nimmt, deren lyrische Themen *De amore* in der Tat theoretisch untermauert. Die »reine Liebe«, die in *De amore* behandelt wird und die – außerhalb der Ehe, wie bei den Troubadouren – Liebesspiel mit »Betrachtung des Geistes« und »Gefühlen des Herzens« vermengt, ist für die Kirche inakzeptabel. »Auf einer höheren Ebene suchte sie die Reinheit nur in der Gottesliebe und der Freundschaft ohne jeden körperlichen Aspekt, in der Nächstenliebe. Auf der körperlichen Ebene kannte sie nur *zügellose Unordnung oder eheliche Ordnung*.«[55]

Wenn wir uns später den Beziehungen zwischen mittelalterlicher Mystik und Erotik nähern, werden wir sehen, daß die Haltung der Kirche zweifellos mehr Facetten hat, aber hier geht es um die Verurteilung durch Bischof Tempier. Der Philosoph Alain de Libera, der sie genau untersucht hat, zeigt auf scharfsinnigere Weise, daß die Thesen, die sich auf die Sexualität beziehen und durch den Bischof von Paris im Unterricht verboten waren, von philosophischen Aussagen unterbrochen werden, die zensiert werden, weil sie Teil sind »einer philosophischen Rebellion insgesamt, die den Hintergrund für eine neue Darstellung der Sexualität bildet«.[56] Diese Rebellion besteht im wesentlichen in der Verbreitung der Thesen des griechischen Philosophen Aristoteles an der Universität von Paris, die die arabischen Gelehrten des Mittelalters überliefert hatten und die damals von den westlichen Hochschullehrern, die sich allmählich von der Bevormundung durch die kirchlichen Autoritäten lösen, ins Lateinische übersetzt werden.

Wir weisen hier nur auf eine der verurteilten Aussagen hin: *Quod felicitas habetur in ista vita, et non in alia,* »daß das Glück in diesem Leben zu erreichen ist und nicht in einem anderen«. Alain de Libera zeigt, daß dieser Gedanke dem arabischen Philosophen Averroes zu verdanken ist. Er bedeutet, daß vom Tod nichts zu fürchten oder zu erwarten ist, weder Lohn noch Strafe. Damit werden die Schlußfolgerungen, die Ibn Hazm oder Andreas Capellanus sich auferlegten, geleugnet und das Diesseits auf-, das Jenseits abgewertet. Die Freigeister des 17. und 18. Jahrhunderts werden nichts anderes erklären. Damit ist eine Tür geöffnet für die Verherrlichung des Körpers und der Lust, und auch der des Austauschs der Herzen. In diesem Sinn verleiht der Zensor durch das Verkünden der Thesen, die er verurteilt, paradoxerweise einer damals nur vereinzelt vorkommenden Lebensphilosophie Gewicht, wie Alain de Libera meisterhaft darlegt. Um sie zu verdammen, zeichnet er – aber schafft er auch gleichzeitig – die Gestalt einer umfassenden Rebellion, deren Elemente oft nur implizit waren. Eine zugleich philosophische und literarische Rebellion, deren Verbreitung die kirchliche Zensur nicht verhindern wird: *De amore* von Andreas Capellanus wird bald vom Lateinischen ins Französische übersetzt, und die Universität wird weiter verstärkt von Laien geprägt. Das Feuer, das in der Provence zwei Jahrhunderte zuvor angesteckt wurde, hat sich weiter ausgebreitet.

Nun lodert ein weiteres Feuer: das der Leidenschaft, die die Liebenden der Tafelrunde entflammt. Außereheliche Paare: Tristan und Isolde, die blonde Frau von König Markes, oder Lanzelot und Ginevra, Artus' königliche Gattin. Geschichten, die an den Höfen des 12. und 13. Jahrhunderts niedergeschrieben wurden, aber deren Wurzeln in weit ältere Stoffe zurückreichen. Die Artussage, die ohne Zweifel zuerst von den walisischen Barden am Hof der Plantagenêts, Herzöge der Normandie und später Könige von England, besungen wurde, überliefert eine Sammlung von Erzählungen keltischen Ursprungs.

Der politischen Propaganda wegen fördern die Plantagenêts die Verbreitung jener Legenden, die ihrer Dynastie die Möglichkeit bieten, ihre Eroberung Großbritanniens zu legitimieren: Heinrich II. Plantagenêt gibt seinem Enkel den Namen Artus, den Namen desjenigen, der nach den alten Prophezeiungen die Bretonen einigen soll, nachdem er aus einem langen Schlaf erwacht ist.[57]

Ein mythischer König, um den eine glanzvolle Versammlung von Persönlichkeiten zum Leben erwacht, eine faszinierender als die andere. Merlin, der Prophet und weise Mann, der Zauberer, der die heilige Macht des Druiden verkörpert, Morgane, die Fee mit geheimnisvollen Fähigkeiten, Ginevra, Königin und untreue Ehefrau, Mordred, der Neffe des Königs, der ihn verraten wird, Kai, der gewalttätige und gefährliche Seneschall, Gawain, Modell eines Sonnenkämpfers, dessen Macht entsprechend dem Lauf des Feuergestirns zu- und abnimmt, und viele weitere, deren Geschichten die abendländischen Schriftsteller endlos aufgreifen und weiterentwickeln, wobei sie sich auf die Lais keltischen Ursprungs beziehen.

Marie de France, eine nahe Verwandte der Plantagenêts, verfaßte als erste ihre *Lais* im 12. Jahrhundert. Ihre Zeitgenossen Béroul und Thomas schaffen jeweils eine Version der Tristangeschichte in romanischer Sprache. Dann kommt Chrétien de Troyes, möglicherweise ein konvertierter Jude, der für den glanzvollen Hof Maries von Champagne arbeitet. Er ist ein besonderer Fall, da er den Erzählungen der sogenannten *matière de Bretagne*, der Artussage, eine allgemeingültige Dimension verleiht. Aber schon vor ihm und in seiner Umgebung sehen wir, in welcher Hinsicht die Lais oder noch die Sage von Tristan und Isolde die Vorstellungen der abendländischen Erotik erneuern.

»Kaum ist [die Dame] auf das Schiff gelangt, bleibt sie vor dem Lager stehen, sieht aufmerksam den Ritter an und bejammert ihn in seiner Schönheit. Traurig und schmerzerfüllt beklagt sie seine unglückliche Jugend. Sie legt ihm die Hand auf die Brust, die sich warm anfühlt; und das Herz, wie es ihm unter den Rippen schlägt, klopft gesund. Der schlafende Ritter ist erwacht, er bemerkt sie, ist glücklich und grüßt sie. Er begreift wohl, daß er ein Ufer erreicht hat.«[58]

Diese Worte von Marie de France, die möglicherweise die Halbschwester eines Plantagenêts war, geben den Ton an: Hier ist es die Frau, die sich dem Mann zuwendet und ihn berührt. Und von da an ist der Mann gebunden. Diese Art weiblicher Initiative kommt in der Lyrik der Troubadoure nicht vor. Dort ist es immer der Mann, der es unternimmt, die Dame zu verführen, selbst wenn er dann ihre Wünsche beachtet oder sich zum Diener der weiblichen Forderungen macht. Der höfische Liebende gehorcht ähnlich wie der Lehnsmann seiner Herrin, indem er sie ehrt.

Diesmal, bei den aus keltischen Überzeugungen hervorgegangenen Werken, ist das Spiel grundsätzlich anders: Die Frau verspürt Verlangen, und eine einzige Geste von ihr genügt, um den Mann bis zum Tod zu binden. So geschieht es mit der Königin des anonymen Lai von Graelent.

»... Er war adlig und guter Herkunft. Sein Körper war schön und edel, deshalb nannte man ihn Graelent Muer (...) Als die Königin die Lobpreisungen auf ihn und den Bericht von seinen Heldentaten hörte, begann sie ihn aus tiefstem Herzen zu lieben (...)

- Ich will aus ihm meinen Freund machen. Wegen ihm bin ich in tiefen Schmerz verfallen. Geh, sag ihm, daß er mich aufsuchen soll, meine unumschränkte Liebe wird ihm gehören!«[59]

Man sieht, hier ist es tatsächlich die Frau, die sich zur Verführung entscheidet. Bei Ankunft des Gegenstands ihrer Sehnsucht, den sie hat rufen lassen, »schloß« die Königin »Graelent in ihre Arme; sie ließ ihn sich nah bei sich auf einen Teppich niedersetzen, wobei sie ihn fest an sich drückte, dann begann sie mit ihm zu sprechen, ganz verzaubert von seinem Körper, seinem Gesicht und seiner Schönheit.«[60]

Dennoch weigert sich Graelent, mit aller erdenklichen Umsicht, auf die Avancen seiner Herrscherin einzugehen, ebenso wie die Damen, die Andreas Capellanus in seinem *De amore* auftreten läßt, sich den Argumenten ihrer Bewerber nicht beugen. Die Herausforderung wird noch gesteigert, als der König ein Jahr später wie jedes Jahr an Pfingsten die Barone zusammenruft, die ihm unterstehen.

»An jenem Tag hieß der König nach dem Essen die Königin auf eine erhöhte Bank steigen und sich ausziehen. Dann fragte er die Versammlung:

– Meine Herren Barone, was haltet Ihr davon? Gibt es unter dem Himmel eine Königin, eine Frau, eine Dame oder ein junges Mädchen, die schöner wäre?«[61]

Als die Königin so vorgeführt und durch den Herrscher entblößt den Blicken der Getreuen dargeboten wird, ist jeder genötigt, ihre Schönheit zu bestätigen. Nur Graelent verweigert sich. Die Verärgerung der Königin und dann ihre Rache sind fürchterlich. Dem Held bleibt nichts anders übrig, als vor dem Zorn seiner Herrscherin zu fliehen, wobei er seiner jungen Verlobten unter das Wasser folgt, indem er sich mit ihr in einen weißen Fluß stürzt und darin ertrinkt. Auf dem anderen Ufer, wo seine Freundin ihn hingeführt hat, lebe Graelent noch immer, so der Text des Lai.

Dieser anonyme Lai, der im Französischen Ende des 12. oder Anfang des 13. Jahrhunderts abgeschrieben wurde, verdichtet wesentliche keltische Motive im Bereich der Sexualität. Zunächst, daß die Sehnsucht von der Frau ausgeht, und daß eine Geste von ihr den Mann zwingt, sich dem zu unterwerfen. Das ist der keltische Glaube an den *geis*, eine magische und machtvolle Berührung, von der man sich nicht befreien kann außer durch eine wiederum magische Handlung. Graelent, der »eine ganz weiße Hirschkuh, weißer als der Schnee auf dem Ast«, verfolgt, verirrt sich im Wald und entdeckt dort schließlich eine badende junge Dame. »Die Kleider, die sie abgelegt hatte, waren über Äste gebreitet. Graelent erblickte sie nackt inmitten der Quelle.«[62] Die Jagd nach der weißen Hirschkuh: vollkommene Farbe und Nicht-Farbe, eine Synthese, die die Sehnsucht symbolisiert. So bringt König Artus in einem der Romane von Chrétien de Troyes, die der *matière de Bretagne* entstammen, den Brauch der Jagd auf den weißen Hirsch wieder zu Ehren, und diese führt den Helden dazu, im Herzen des Waldes die Liebe zu erfahren.

Der Wald bedeckte im 12. Jahrhundert im Abendland weite Gebiete. Düstere, kaum gangbare Wälder, in denen man sich verirrte und in die sich Außenseiter, Landstreicher, Räuber, weise Männer und Eremiten flüchteten. Dorthin kehrt Merlin im Verlauf der Romane der Artussage regelmäßig zurück; er verläßt den Königshof, das heißt die Zivilisation, um Kraft zu schöpfen, um in die Wildnis einzutauchen bis zu dem Punkt, an dem er nicht mehr wiederzuerkennen ist. Ein Ort der Initiation, in den der einsame Ritter tief eindringt und wo er gefährlichen Geschöpfen begegnet, Zwergen und Riesen, tobenden Rittern, jungen Damen ohne Gnade. Ein Ort, an dem jeder sich durch zahlreiche Proben schließlich selbst begegnet. Eine Metapher des Unbewußten, mit seinen schwarzen Wäldern und menschenleeren Heiden, seinem gewitterauslösenden Brunnen und seinen lebendigen Quellen. Dort sieht Graelent das junge Mädchen baden, das seine Freundin werden wird.

Das keltische Thema der Verwandlung: Die weiße Hirschkuh verwandelt sich in der Quellensenke in »ein zartes und schlankes junges Mädchen, verführerisch mit seiner weißen und rosafarbenen Haut, den lachenden Augen und der glatten Stirn«.

Undine wird zu den Fluten zurückkehren: Sie bindet ihren Geliebten durch ein Geheimnis – er darf niemandem von ihrer Liebe erzählen, aber er tut es dennoch – und zieht ihn schließlich mit sich in das »sehr weiße und schöne« Wasser. Aus Liebe zu ihr ertränkt er sich, der Tod wartet auf ihn am Grund des Flusses. Aber sie führt ihren Geliebten auf die andere Seite der Welt, an das andere Ufer. So wird auch König Artus über das Meer geführt werden, nach seiner letzten Schlacht, als die Fee

Morgane ihn auf die Insel von Avalon bringt, wo er bis zu seiner Wiedererweckung schlafen wird. Es handelt sich hier um das Thema der »anderen Welt« der Kelten, eine Dimension des Universums, wo die Zeit nicht vergeht, wo der »Schlafende« nicht altert, sondern in einen ewigen Schlaf fällt.

In den Erzählungen keltischen Ursprungs, seien es im Mittelalter die walisischen *Mabinogi* und die französischen Lais oder im 19. Jahrhundert die von Lady Gregory oder William-Butler Yeats in Irland zusammengetragenen Legenden, kommt der Kontakt mit der »anderen Welt« über magische Orte zustande: Hügel, Brunnen, Quellen, Flüsse, Wälder natürlich oder auch Ozeane. Aber häufiger – und das ist hier von Interesse – sind es weibliche Geschöpfe, junge Mädchen oder wilde Frauen, die immer ein animalisches und verborgenes Element in sich tragen und die die Männer auf die andere Seite, ans andere Ufer bringen. Die Männer können nicht anders, als ihnen zu folgen, etwa Tristan, der durch einen Zaubertrank – den *lovendrink*, den Liebestrank – zu verzehrender Leidenschaft für Isolde verdammt ist und schließlich mit ihr in den tiefsten Wald flieht, wobei beide ganz und gar nackt sind. Diese führenden und verführenden Frauen sind Feen: Es sind Geschöpfe, die aus dem ganz Anderen gekommen sind und dorthin zurückkehren, wobei sie die Männer ihrer Wahl mit sich führen. Diese Motive keltischen Ursprungs verweisen zweifelsohne auf eine andere Zivilisationsstufe, in der die Beziehungen zwischen den Geschlechtern anders begriffen wurden.[63]

Wichtig ist hier, ihren Erfolg in der mittelalterlichen Vorstellungswelt in ganz Europa hervorzuheben. Die Lais, der Roman von Tristan und Isolde, die Artussage, die sich von Frankreich nach Deutschland (wo Wolfram von Eschenbach seinen *Parzival*

Anfang des 13. Jahrhunderts verfaßt) und England (*Le Morte Darthur* von Thomas Malory im 14. Jahrhundert) verbreiten, nähren die Wunschbilder von einer anderen Sexualität, bei der die Frau eine gleichrangige, eine initiierende Rolle spielt und die Beziehung mit ihr in eine andere Welt führt. Danièle Régnier-Bohler fragt sich, ob sich in den Lais nicht der Entwurf »einer matriarchalischen Welt« abzeichnet, »die man archaisch nennt, aber die vielleicht die verführerischsten Wunschbilder des Mittelalters aufweist«.[64] Sicher ist, daß diese keltisch beeinflußten Erzählungen auf ein nur undeutlich wahrnehmbares Gebiet der Vorstellungswelt verweisen, daß sie in jenes sogenannte finstere Zeitalter fallen, das weiter beunruhigt und fasziniert.

»In weit zurückliegenden Zeiten, nach dem Fall des Römischen Reiches, aber noch vor der Krönung Karls des Großen zum Kaiser des Abendlands, herrschte König Markes über Cornwall.« So beginnt bezeichnenderweise der Roman von Tristan und Isolde in der Nachdichtung in modernem Französisch von René Louis.[65] Die Begegnung der Liebenden findet in jenem politischen und sozialen Niemandsland zwischen dem Untergang des Reiches und seiner karolingischen Wiedergeburt statt. In Cornwall, also in einer Region, in der die keltischen Bräuche noch lebendig sind, und in derselben Epoche, in der König Artus erscheint, der sagenhafte Anführer der Bretonen, die damals von Rom verlassen und den Einfällen der angelsächsischen Barbaren ausgesetzt sind.

Joseph Bédiers berühmte Fassung von *Tristan und Isolde* beginnt mit folgenden Worten: »Meine Herren, gefällt es Euch, eine schöne Geschichte anzuhören von Liebe und von Tod?«[66] Genau diese Verbindung von Lieben und Sterben begründet die meisterhafte Interpretation des Romans von Denis de Rougemont. Ausgehend von dem keltischen Glauben an ein Leben nach dem Tod sieht der Autor von *Die Liebe und das Abendland* in dem mittelalterlichen Roman einen Eros entstehen, der dem griechisch-römischen Altertum unbekannt war: »Eros hat das Äußere einer Frau angenommen, Symbol des Jenseits und jenes Sehnens, das uns die irdischen Freuden verachten läßt. Aber es ist ein doppeldeutiges Symbol, weil es den Reiz des Sexus mit dem Begehren ohne Ende zu verwechseln trachtet.«[67]

Das Schwert, das Tristan zwischen seinen Körper und den Isoldes legt, selbst als sie schon ein Liebespaar sind, als sie in den Wald von Morois flüchten, die Abenteuer, die ständig den einen vom anderen trennen, all das läßt Denis de Rougemont vermuten, daß das ununterbrochene Verlangen das ist, was die Liebenden verbindet. Was sie empfinden, ist Leidenschaft, nicht Liebe. »Sie bedürfen einander, um zu brennen, aber nicht einer des anderen so, wie er ist; auch nicht der Gegenwart des anderen, sondern vielmehr seiner Abwesenheit!«[68] Ein kluger Kommentar, der vom Text gestützt wird, sowohl durch das Geflecht unüberwindlicher Hindernisse, das er nach Belieben zwischen den Liebenden entfaltet, als auch durch das Geständnis Isoldes: »Weder liebt er mich noch ich ihn«, und schließlich, wenn ihre Leidenschaft am Ende in den Tod als dem wahren, aber uneingestandenen Gegenstand der Sehnsucht mündet. Daß dieser Mythos die westliche Vorstellungswelt tief beeinflußt hat, indem er Leidenschaft und Tod dauerhaft miteinander verknüpft, ist nicht zu leugnen, von der Romantik bis hin zur *Fatal Attraction* unserer Tage.

Andererseits können wir Denis de Rougemont nicht folgen, wenn er aus diesem Mythos das eigentliche Wesen der abendländischen Liebeskonzeption macht: Um das zu beweisen, werden die Troubadoure auf fragwürdige Weise angeführt, wie wir

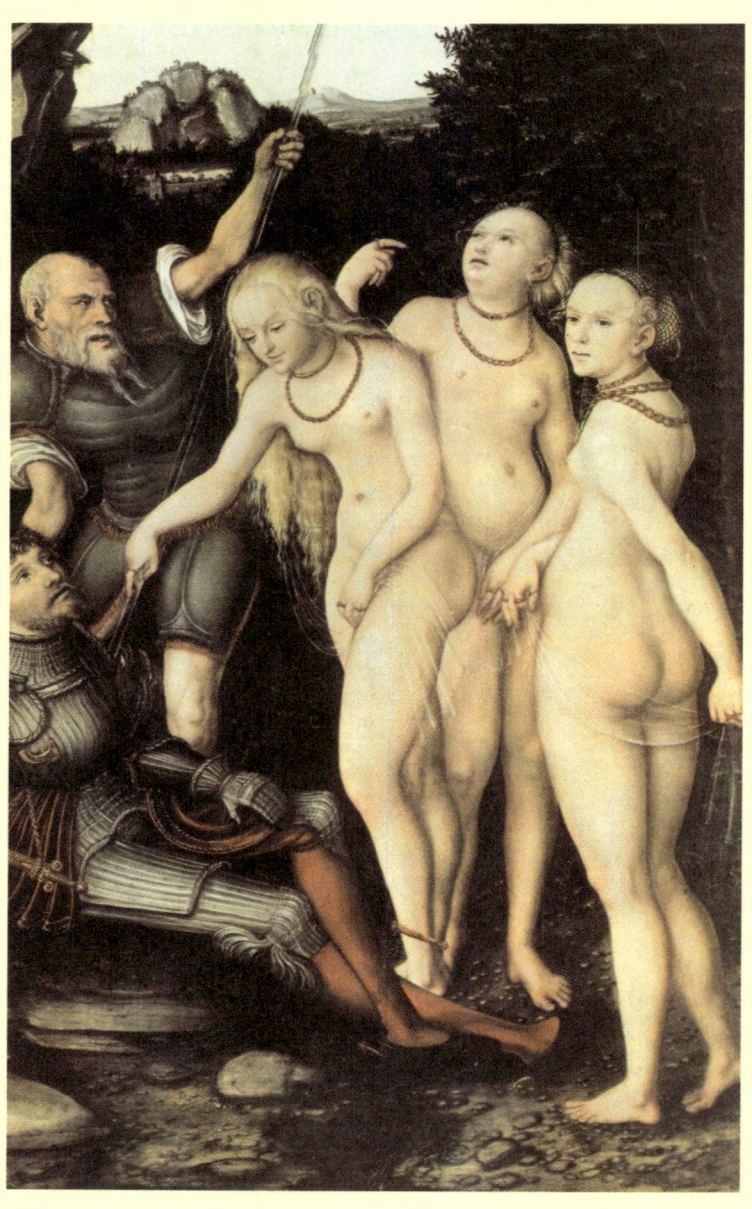

»Das Urteil des Paris« | Lucas Cranach d. Ä. | nach 1537

»Venus mit Amor als Honigdieb« | Lucas Cranach d. Ä. | um 1527

»Liebespaar im Bett« | Buchminiatur | um 1400
»Liebespaar beim Entkleiden« | Buchminiatur | um 1400

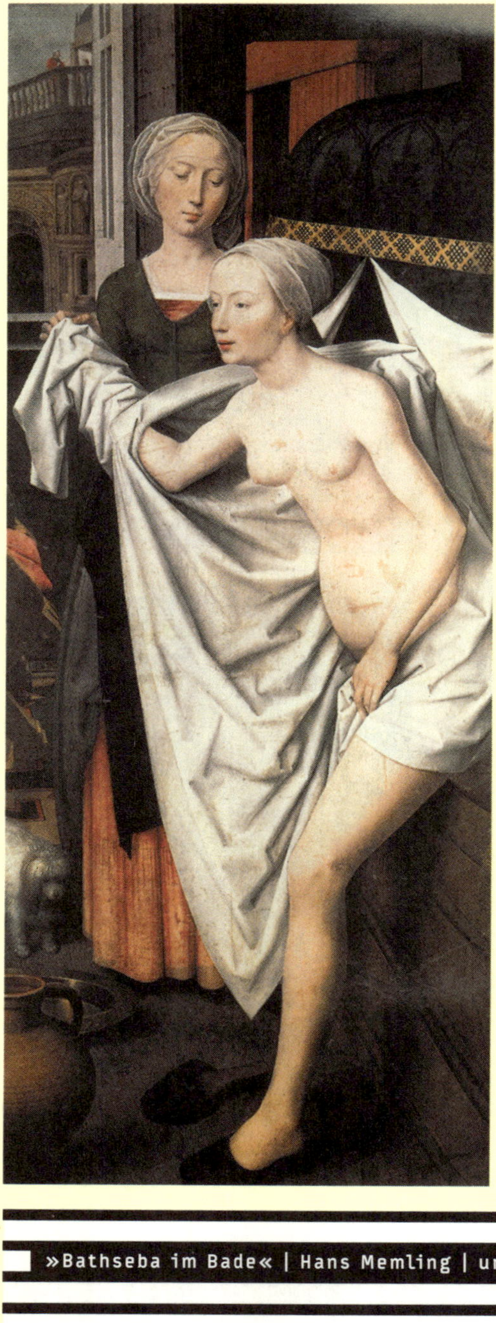

»Bathseba im Bade« | Hans Memling | um 1500

»Das Badehaus« | aus dem »Mittelalterlichen Hausbuch« |
um 1480

Sexuelle Freizügigkeit in einem öffentlichen Badehaus
Deutschland | um 1470

»Der Jungbrunnen« | anonym aus dem Piemont | um 1430

»Lucrezia« | Lucas Cranach d. Ä. (1472–1553)

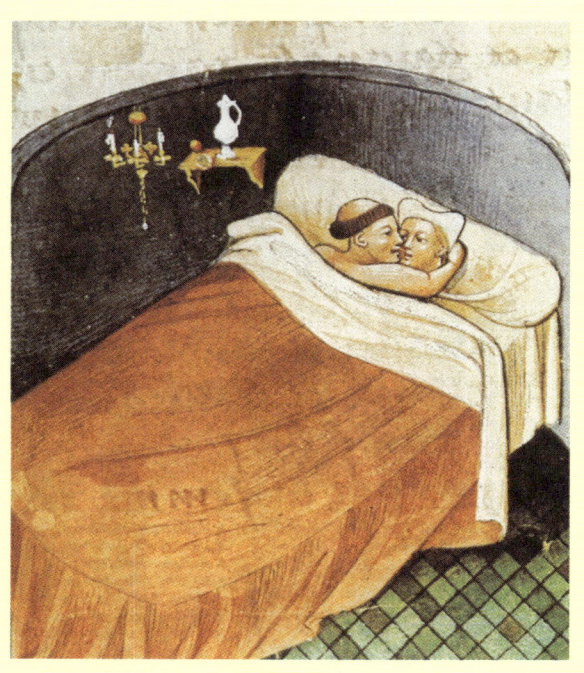

»Das Urteil des Paris« | Frankreich | 15. Jh.

Erotische Szene | Teppich von Bayeux | Ende des 11. Jh.
Wirtin führt einen jungen Mann in ein Freudenhaus | Flämisches Stundenbuch | 1320–1330 ■ Verbotene Liebe: weibliche und männliche Homosexualität | Bible moralisée | um 1220

gesehen haben; sie verwandeln sich im übrigen im Katharer, die wiederum keltischen Glaubensvorstellungen und der Gnosis nahestehen, und schließlich sind auch Wagner und der Nationalsozialismus nicht weit. Diesem großen heidnischen Synkretismus habe sich die Liebe im christlichen Sinn entgegengestellt, als erlösende Kraft, da sie auf gegenseitiger Achtung der Menschen basiere. Leider muß man feststellen, daß die militante philosophisch-religiöse Haltung des Autors ihn genau dazu verleitet, unter Verzicht auf jegliche Differenzierung die Unterschiede nicht zu achten. Was der Roman von Tristan und Isolde dem keltischen Glauben verdankt, bleibt nämlich bis heute die Frage, da über diese mündlich von einem Druiden zum nächsten weitergegebenen Glaubensvorstellungen aus diesem Grund nur Vermutungen angestellt werden können.

Das einzige, was man sicher sagen kann, ist, daß die von den mittelalterlichen Dichtern bearbeitete Artussage Elemente vorchristlichen Ursprungs enthält. Es sind diese Schriften und andere Zeugnisse (angefangen von denjenigen der antiken Schriftsteller, etwa Cäsars *Gallischer Krieg*) sowie Überreste der keltischen Kunst (Münzen, Waffen, Skulpturen), von denen ausgehend man versuchen kann, heute die Glaubensvorstellungen einer untergegangenen Kultur zu rekonstruieren. Wenn nun in *Die Liebe und das Abendland* der Mythos von Tristan und Isolde mit den Vorstellungen des provenzalischen *trobar*, des Katharertums, der Wagnerianer, der Romantik, mit Shakespeare, Don Juan und der SS verquickt wird, entkräftet das die Äußerungen des Autors grundsätzlich, der zuviel einbezieht, aber letztlich ziemlich schlecht miteinander verklammert.

Man muß Denis de Rougemont jedoch zugestehen, daß er einen Schlüssel zum Verständnis des Romans von Tristan und

Isolde zutage gebracht hat: daß ihre Leidenschaft nicht Liebe und daß der heimliche Gegenstand der Leidenschaft der Tod ist. Daß das Leben als wertlos und langweilig erlebt wird im Vergleich mit der anderen, glühenderen, dramatischeren und außergewöhnlicheren Welt, die die Leidenschaft darstellt und die wirklicher als die Wirklichkeit ist. Das ist der Grund, weshalb sie nicht im Alltag gelebt werden kann, sondern Hindernisse verlangt und letztlich nach Selbstzerstörung strebt.

In gewisser Hinsicht, und nur in dieser Hinsicht, trifft sich die Sage von Tristan und Isolde mit der sogenannten höfischen Liebe, wie Andreas Capellanus sie theoretisch gefaßt hat: der Leidenschaft der heimlichen Umarmungen, der Sehnsucht nach der oder dem Abwesenden, der Erotik der Ferne.

Jedoch hatte Chrétien de Troyes das lange vor Denis de Rougemont erkannt. Sein Romanwerk ist von der Artussage beeinflußt, und man findet darin die Ritter der Tafelrunde, Artus, Ginevra, den Wald von Brocéliande und die Feen wieder. Aber ein neues Ideal erfüllt sein Werk: den Trieb der Liebe mit dem gelebten Leben zu versöhnen; den Gespenstern des Todes entgegenzutreten, um wieder an das Lebendige anzuknüpfen; sich selbst und den anderen zu finden; nicht eine »andere Welt«, sondern eine Welt, die anders gelebt wird.

Chrétien, der Ende des 12. Jahrhunderts wirkt – also ungefähr zur selben Zeit wie Andreas Capellanus und im Umfeld der Gräfin Marie von Champagne –, der die *Liebeskunst* des Ovid übersetzt sowie seine Fassung des Tristanromans vorlegt – zwei leider verlorene Werke –, hat uns fünf Romane hinterlassen. Indem er die Artus-Mode nutzt, der auch Andreas Capellanus gehuldigt hatte[69], und sie mit christlichen oder antiken und anderen aus der okzitanischen *fin'amor* hervorgegangenen Elementen vermischt, verrührt Chrétien alle Einflüsse der Zeit. Aber er tut das mit dem Talent eines unvergleichlichen Erzählers, mit unerhörter Feinheit in der Analyse der Gefühle. Und schließlich propagiert er eine neue Vorstellung von Liebesbeziehungen.

Unter diesem Gesichtspunkt, demjenigen, der uns hier interessiert, sind seine fünf Romane nicht gleichwertig. Sicher, man findet in ihnen zahlreiche Anspielungen auf das Spiel der Lust, »jenes Spiel von Küssen, jenes Spiel der Sinne (...) Es gehört zu den meistgeschätzten Freuden und stellt die köstlichste dar, genau jene, deretwegen die Erzählung Schweigen und Geheimnis bewahrt.«[70] Es ist der *joy*, die Freude der Troubadoure, um die es

hier geht, in der ehebrecherischen Nacht, in der sich die Königin Ginevra und der Ritter Lanzelot umarmen. Die Erzählung ist auf Befehl Maries von Champagne geschrieben worden, und Chrétien, der sich darin ohne Zweifel nicht wiedererkannte, hat sie durch einen anderen Kleriker fertigstellen lassen.

»Das trennende Schwert« | Keusches Beilager | Altdeutscher Holzschnitt

Bei *Érec et Énide* (Erec und Enide) dagegen bahnt sich schon eine andere Beziehung an: Érec führt seine Frau mit sich in schreckliche Abenteuer. Er bewundert im Verlauf der bestandenen Prüfungen den Mut und die List seiner Gefährtin, und schließlich wagt der Ritter, ihr zu sagen, wie sehr er sie liebt.

Es ist jedoch der Roman *Cligès*, der unter dem Aspekt der Liebesbeziehung die größte Neuerung bringt.

»Cligès machte aus seiner Freundin seine Frau. Er nannte sie ›Freundin‹ und ›Dame‹, und sie verlor nichts, da er sie wie seine Freundin liebte, und sie liebte ihn ebenfalls, wie man seinen Freund lieben soll.«[71]

Es gilt hier, die Tragweite der verwendeten Worte zu ermessen: Es sind dieselben Worte, die einer grundlegenden Debatte zur *fin'amor* Nahrung gaben, als sich die Frage stellte, ob die Dame die Freundin ihres Geliebten werden könne, also mit ihm eine Beziehung von gleich zu gleich unterhalten könne, nicht mehr eine von Herrscherin zu Bewerber, die das Lehnverhältnis nachahmte und es auf köstliche Weise pervertierte. Chrétien beantwortet diese Frage positiv: Cligès und Fénice gehen eine Beziehung ein, die zugleich ein Liebesverhältnis und eine Freundschaft ist.[72] Aber das ist noch längst nicht alles: Diese gleichberechtigte Beziehung findet innerhalb der Ehe selbst statt. Fénice wird gleichzeitig die Freundin, die Dame und die Frau von Cligès, entgegen der gesamten höfischen Theorie, die Leidenschaft nur außerhalb der Ehe kannte.

Um genau zu sein, ist die Liebesbeziehung zwischen Fénice und Cligès nicht leidenschaftlicher Art. »Wenn ich Euch liebe und wenn Ihr mich liebt, wird man Euch deswegen noch nicht Tristan nennen, und ich werde niemals Isolde sein!«, ruft die junge Frau aus. Fénice, die zunächst eine schlechte Ehe führt, gebraucht all ihre List, um der ihr auferlegten Verbindung zu entkommen und ihren Geliebten wiederzufinden, dem gegenüber sie erklärt: »Wenn mein Herz Euch gehört, hat es Euch meinen Körper gegeben und versprochen, so daß kein anderer seiner teilhaftig sein wird.« Man ist hier sehr weit entfernt von den heimlichen und leidenschaftlichen Umarmungen, die die Troubadoure besungen und die Trouvères wieder aufgegriffen haben, die Andreas Capellanus pries und die der Roman von Tristan und Isolde verherrlichte.

Chrétiens Absicht besteht in nichts Geringerem als der Versöhnung von Liebe und Ehe. Man möge ermessen, welche Wegstrecke in kurzer Zeit zurückgelegt wurde: von der Entdeckung der Liebe zur Frau in Okzitanien Ende des 11. Jahrhunderts, eines Gefühls, das bis dahin der männlichen Freundschaft vorbehalten war und das eine gegenseitige Sehnsucht voraussetzt, bis zum Lobpreis der ehebrecherischen Leidenschaft – und nun entwirft ein Schriftsteller ein neues, gleichrangiges Modell der Liebe. Es handelt sich nicht um eine sittsame Beziehung, nicht um die christliche Ehe, wie sie Denis de Rougemont gepriesen hat und die schweren Herzens auf Leidenschaft verzichtet, sondern um eine von Liebe und Verlangen geprägte Beziehung, die im Lauf gefährlicher Prüfungen, einer Art Initiation, erlebt wird und nicht nach Ablauf irgendeiner Zeremonie.

»Natürlich wollte Chrestien dem Publikum gefallen: Er entsprach seinen Erwartungen. Wir müssen also annehmen, daß diejenigen, die ihm zuhörten, eine neue Vorstellung von den Beziehungen zwischen den Geschlechtern hatten«, schreibt Georges Duby. Und der Historiker schließt: »Ich habe lange und erbittert gegen die Hypothese einer sich verbessernden Stellung der Frau im Zeitalter des Feudalwesens gekämpft (...) Doch vor diesen Bildern, vor (...) Phönix [Fénice], strecke ich die Waffen.«[73]

Die Frauen, die der Romancier des 12. Jahrhunderts auftreten läßt, sei es Fénice oder Laudine, die Gefährtin Yvains, oder Énide, die Érecs, sind mal Kämpferinnen, mal Feen, und sie wetteifern hinsichtlich Stärke, Mut und List mit den Männern, die sie lieben. Mit begehrendem Herz und Körper sind sie jede ihrerseits »Dorée d'Amour«, um den Decknamen einer Heldin bei Chrétien de Troyes aufzugreifen.

Etwa ein Jahrhundert später, um 1269–1278, verfaßt Jean Chopinel de Meun seinen umfangreiche Fortsetzung des *Rosenromans*, ein Werk, das bis Ende des 16. Jahrhunderts immensen Erfolg haben sollte.

Den ersten, unvollendeten Teil des Romans verdanken wir Guillaume de Lorris, der ihn um 1230 verfaßte. Es lohnt sich, bei ihm kurz zu verweilen. Das entwickelte Schema ist allegorisch. Die Rosenknospe, die der Liebende pflücken möchte, ist in einen Obstgarten eingeschlossen, Teil der gezähmten Natur, Abbild des Paradieses, bevorzugter Ort höfischer Begegnungen.[74] Zahlreiche Figuren folgen dort aufeinander, Verbündete und Feinde der Liebessuche: Amor selbst, mit seinen durchdringenden Pfeilen, Bel Accueil (Freundlicher Empfang), der einen Kuß gestattet, bevor er von Jalousie (Eifersucht) eingemauert wird. Denn die Glut der Venus tritt bei der Rose in einen Wettstreit mit Honte (Scham), Peur (Angst) und Chasteté (Keuschheit). Diese und weitere Personifikationen von Gefühlen beleben beide Protagonisten: Es handelt sich also letztlich um eine psychologische Analyse. Die Ästhetik ist von verschwenderischer Fülle bestimmt: Blumen, Tiere, Kleider und Haltungen sind äußerst detailreich beschrieben – die Spätgotik kündigt sich bereits an. Diese mangelnde Zurückhaltung ruft beim heutigen Leser – seien wir ehrlich – Langeweile, ja sogar Überdruß hervor. Im allgemeinen wird die Tatsache, daß man zu diesem Roman schwer Zugang findet, dem allegorischen System zugeschrieben, das uns künstlich erscheint, während es für den mittelalterlichen Geist anziehend war. Gleichwohl, wenn Ende des 15. Jahrhunderts die fünf Sinne auf dem Wandteppich *Die Dame mit dem Einhorn*, der im Musée de Cluny in Paris aufbewahrt wird, von ebenso vielen Frauen personifiziert werden, so strahlt die Schlichtheit dieses anonymen Werks immer noch ungebrochenen Zauber aus. Und die sechste Dame, deren Baldachin von der rätselhaften Devise »À mon seul désir«, »Meinem einzigen Verlangen«, überwölbt wird, stellt uns weiter vor ungelöste Fragen.

»Die Dame mit dem Einhorn« | anonym | Wandteppich 16. Jh.

Zudem faßt Guillaume de Lorris die Themen der höfischen Lyrik zusammen. Das Ergrünen der Natur löst die Liebesglut aus, die Liebe senkt sich über den Blick ins Herz, um sich dort festzusetzen, die üble Nachrede behindert das Hofieren, und das Ganze geschieht im Rahmen eines Traums: Die Bedeutung der Begegnung im Traum bei den Troubadouren haben wir schon gesehen. Im 15. Jahrhundert geht der melancholische und geheimnisvolle *Livre du cœur d'amour épris* (Buch des in Amor verliebten Herzens) von René von Anjou auf dieselbe Weise vor.

Bei genauerer Betrachtung haben sich jedoch bestimmte Elemente zwischen dem ursprünglichen *trobar* und dem ersten Teil des Rosenromans verändert. So ist es keine verheiratete Frau, die hier begehrt wird, sondern eine Rosenknospe, die ein ganz junges Mädchen symbolisiert. »Ein wenig verbreitete sich die Rose nach oben; und es gefiel mir, daß sie noch nicht so offen war, daß das Samenkorn entblößt war; das war vielmehr noch zwischen den Rosenblättern eingeschlossen (...).«[75]

Weiter ist das Höfische zum Teil auf einige äußere Relikte reduziert: Wohlerzogenheit (keine ungehobelten Dinge sagen), Eleganz (ausgewählte Schuhe, Handschuhe, Gürtel) und Hygiene (gewaschene Hände, gepflegte Zähne) sind bei demjenigen angebracht, der verführen will. Die moderne Bedeutung des Wortes »höf-lich« wird hier schon festgelegt, im Bereich des äußeren Erscheinungsbilds, weit entfernt von den ursprünglichen okzitanischen Leidenschaften, die Herz und Sinnlichkeit umfassen.

In ähnlicher Weise entstehen noch nie dagewesene erotische Zeichen, die eine neue Lieblichkeit auszeichnet. Liesse (Fröhlichkeit) »verstand es wohl, sich im Tanze zu bewegen«[76], und die üppigen, mit Vögeln geschmückten Stoffe, die funkelnden Edelsteine, die Blumenkränze und die blonden Haare wogen,

wobei sie den dem Begehren hingegebenen Körper ebenso verbergen wie unterstreichen. »Largesse (Freigebigkeit) trug ein ganz
neues Kleid aus orientalischem Purpur. Ihr Gesicht war schön
und wohlgeformt, aber ihr Hals war entblößt (...) es stand ihr
nicht schlecht, daß ihr Ausschnitt offen und ihr Hals entblößt
war, so daß ihre zarte Haut durch das Hemd seine weiße Farbe
zeigte.«[77] Die Geburt der Mode, jene Erfindung des ausgehenden
Mittelalters, kündigt sich hier an, in der Aufmerksamkeit für die
Stellen, an denen die Kleidung
offensteht, bevorzugte Punkte
für einen begehrenden Blick.
Chrétien de Troyes hatte auch
schon die Kleider seiner Protagonisten beschrieben, aber sie
hatten bei ihm sowohl eine
symbolische – als Teil des geheimnisvollen Spiels mit be-
deutungsvollen Farben, das alle
seine Romane durchzieht – als
auch eine soziale Funktion. Es
sei daran erinnert, daß im
Mittelalter »jeder Stand, jeder
Orden, jedes Gewerbe (...) durch
sein Kleid kenntlich« war.[78]

»Du sollst nicht unkeusch sein« | Aus: »Büchlein, das da heißet der
Seele Trost« | 1478

Das mittelalterliche Kleidungsstück läßt dem Körper durch
seine Geschmeidigkeit Bewegungsfreiheit (man schwimmt und
man schläft nackt). Enganliegende, durchsichtige Stoffe nehmen

erst in der Renaissance und in der Neuzeit eine erotische Qualität an: »Die mittelalterliche Kleidung setzt mehr auf die Lükken im Stoff, die die Oberfläche auflösen, um hier und dort die Haut oder häufiger das Unterkleid erscheinen zu lassen.«[79]

Letztlich bleibt Guillaume de Lorris jedoch ein glühender Bewunderer der Frau, auch wenn die Reduzierung des Höfischen auf das Elegante sich mit den ersten 4000 Versen des Rosenromans bereits ankündigt:

»Diene allen Frauen und ehre sie, ihnen zu dienen, bemühe dich und arbeite; und wenn du jemanden hörst, der die Frauen verleumdet und verachtet, tadle ihn und sag ihm, er solle schweigen«, trägt er den Lesern seiner Liebeskunst auf.[80]

Einen ganz anderen Ton schlägt sein Fortsetzer, Jean de Meun, an. Er nimmt die Handlung genau dort auf, wo sie unterbrochen wurde: Jalousie hat Bel Accueil eingemauert, und der Verliebte verzweifelt daran, niemals Zugang zur Rosenknospe zu erlangen. Diesmal endet es damit, daß Venus das Schloß in Brand steckt und die Blume nach einem Handgemenge gepflückt wird. Weit entfernt von dem entzückten Traum Guillaumes de Lorris, hat Jean de Meun die Absicht, »die Art und Weise, auf die man das Schloß einnehmen und die Rose pflükken kann«, zu lehren.[81]

Von den zynischen Reden bis zu den gelehrten Exkursen hatten die 17000 Verse des zweiten Teils zu jener Zeit eine gewaltige Wirkung, indem sie auf der weiblichen Verdorbenheit und der Nichtigkeit der verliebten Hoffnungen bestehen: Es ist das Ende des höfischen Traums, um den es hier in Wirklichkeit geht. Letzten Endes zeigt Jean de Meun in dem Werk nur die physische Lust, die mit heuchlerischer Erregung verkleidet wird. Bezeichnenderweise stellt sein verliebter Pilger fest: »Ich versichere

Euch, daß ich meine beiden Hämmerlein und meinen Sack lieber habe als meine Zither und meine Harfe.« Anders gesagt: Die Hoden und der Penis sind wesentlich mehr wert als jede gefühlsselige Erklärung. Und er fügt hinzu: »Große Ehre hat Natur mir erwiesen, als sie mich mit dieser Rüstung wappnete und mich ihren Gebrauch so gut lehrte (...).«[82] Jedes Wort zählt hier: Die sexuelle Beschaffenheit des Verlangens steht den Raffinessen des Gefühls entgegen, und vor allem wird das männliche Geschlechtsorgan als Waffe begriffen. Es dient der Entjungferung: »(...) zumindest weiß ich wohl, daß [der Durchgang] damals noch nicht gebahnt und ausgetreten war. Und deshalb bin ich dort eingedrungen, weil es keinen anderen Eingang gibt, um die Knospe im rechten Augenblick zu pflücken.«[83]

Der letzte Satz in seiner Schroffheit, »Dann wurde es Tag, und ich erwache«, enthüllt unserer Ansicht nach deutlich das Ende des großen höfischen Traums, der zwei Jahrhunderte zuvor in Okzitanien begonnen hatte.

In eindringlichen Zeilen hat der Historiker Johan Huizinga gezeigt, daß in diesem Roman im Herbst des Mittelalters zwei erotische Auffassungen aufeinanderprallen: die Notwendigkeit der Stilisierung der Triebe, ein Erbe der höfischen Konzeption, und die Entweihung desselben Bestrebens mit einer zynischen Skepsis, die die Renaissance ankündigt.[84] Die unmittelbare und gewaltige Wirkung des Werks, das vor allem seines zweiten Teils wegen berühmt ist, zeigt, welch große Bedeutung diesem Konflikt in den Augen der Zeitgenossen zugewachsen war. Ein Streit folgte ihm, in dem Schriftsteller, Theologen, einflußreiche Adlige, Befürworter und Gegner des Romans aufeinandertrafen.

Inmitten dieser Debatte, in die so unterschiedliche Persönlichkeiten wie der Prévôt von Lille, Jean de Montreuil, oder der

Kanzler der Universität Paris, Gerson, eingriffen, hebt sich die einzigartige Gestalt einer Frau ab: Christine de Pizan.

Als jung verwitwete Tochter des venezianischen Astrologen des Königs Karl V. von Frankreich verdiente Christine de Pizan mit ihren Schriften ihren Lebensunterhalt und erwarb aufgrund von deren Bedeutung Berühmtheit im Umfeld der Großen. Mehrere ihrer Werke setzen deutlich feministische Akzente. In ihrem *Sendbief vom Liebesgott* (1399) und dann im *Buch von*

der Stadt der Frauen (1404/1405), das ein wahres Manifest zur Verteidigung und Erläuterung der Verdienste und Rechte der Frauen darstellt, greift sie Jean de Meun heftig an, dessen Zynismus sich auf Misogynie stützt. Auch Ovid verschont sie nicht. Sie prangert die archaischen Gefühle von Haß und Furcht gegenüber der Frau an, die die kirchliche Tradition weiter übermittelt, der höfische Traum jedoch nach und nach vermindert hatte.

»Einsegnung des Ehebetts durch den Bischof während des Beilagers«
Deutscher Holzschnitt | Mitte des 15. Jh. ▇▇▇▇▇▇▇▇▇▇▇▇

Das Ende des Mittelalters war eine günstige Zeit für das Wiedererwachen des Kriegs der Geschlechter: Régine Pernoud unterstreicht die Entwicklung eines Klimas der Misogynie, die auf die zweite Hälfte des 13. Jahrhunderts zu datieren sei[85], eine Wiederbelebung des patriarchalischen römischen Rechts auf Kosten des Gewohnheitsrechts und die Beliebtheit der aristotelischen Philosophie, die das Weibliche in der Tradition antiken Denkens abwertet. Selbst ein kühner und kluger Theologe wie Thomas von Aquin nahm seinerseits eine solche Abwertung auf. Diese rechtlichen und philosophischen Elemente verbinden sich zu einer neuen literarischen Sensibilität und deuten im Grunde bereits auf die Faszination der Menschen der Renaissance für die sehr männliche griechisch-römische Kultur voraus.

Die weibliche Antwort einer Christine de Pizan gewinnt damit nur um so mehr Bedeutung, da sie noch heute ihr Gewicht schwer in die Waagschale wirft: Die Frauen sind keine größeren Betrügerinnen als die Männer, nicht weniger weise oder kämpferisch, sagt sie. Und auch nicht weniger sinnlich. Sie führt als Beispiel Ghismonda an, die Tochter Tancredis von Salerno, der besitzergreifend bis zum Tode ist. Sie antwortet ihrem Vater: »Denn Ihr, der Ihr ein Mann aus Fleisch und Blut seid, habt Ihr niemals daran gedacht, daß Ihr eine Tochter aus Fleisch und Blut und nicht aus Stein oder Eisen gezeugt habt? Auch wenn Ihr schon ein alter Mann seid, hättet Ihr doch daran denken müssen, wie sehr in einem angenehmen und bequemen Leben die Jugend zur Qual werden kann[86], wie viele Regungen dabei zu überwinden sind. Als ich (...) spürte, wie jung ich war und wie sehr mir meine Schönheit zu schaffen machte, da verliebte ich mich in jenen Mann.«[87]

Im letzten mittelalterlichen Jahrhundert ist es das Bild einer Frau, die frei über ihren Körper und ihr Herz bestimmt, das Christine de Pizan uns hinterläßt. ████████████████████

MYSTISCHER UND WEIBLICHER EROS

O du gießender Gott in deiner Gabe!
O du fließender Gott in deiner Minne!
O du brennender Gott in deiner Sehnsucht!
O du schmelzender Gott in der Einung mit deinem Lieb!
O du ruhender Gott an meinen Brüsten!
Ohne dich kann ich nicht mehr sein.

MECHTHILD VON MAGDEBURG (UM 1207–UM 1282)

So hat sich im 12. Jahrhundert, auf dem Höhepunkt des Lehns-systems, die Macht der ritterlichen Klasse in einer eigenen Kultur ausgedrückt, die sich von der kirchlichen unterscheidet und die höfisch genannt wird, weil sie sich an den Höfen der großen Lehnsherren entwickelt hat. Als wahre Gegenkultur wurde sie von den Raffinessen des arabisch-andalusischen Adels im Süden angeregt und hat die äußerst reiche keltische Mythologie des Nordens neu interpretiert.

Der Albigenserkreuzzug, der auf Anraten der Kirche und der großen Barone im Norden gegen die Häresie der Katharer geführt wurde, hat die okzitanische Lyrik unter deren Kontrolle gebracht, und die letzten Troubadoure besangen eher die Jungfrau als ihre Dame. Im Norden hat die kirchliche Zensur mit einem Schlag den *Traktat über die Liebe* von Andreas Capellanus und die neuen philosophischen Thesen getroffen, die im Kontakt mit der arabischen Kultur zum Vorschein gekommen waren.

Diese Verurteilungen konnten, wie wir gesehen haben, die Verbreitung der neuen, damals zum Durchbruch gekommenen Lebensentwürfe auf europäischer Ebene nicht verhindern: Im gesamten christlichen Abendland griffen Dichter mit mehr oder weniger Talent die Themen der höfischen Erotik auf und entwickelten sie weiter. Diese Themen, die im Rittertum entstanden waren, beeinflußten alsbald auch das damals entstehende Bürgertum: Denn ins 12. Jahrhundert, das Jahrhundert der großen Rodungen und der Baustellen der heute als gotisch bezeichneten Kathedralen, fällt auch die Entwicklung der Marktflecken, in denen der Handel herrscht und die Macht des Geldes wächst.

Im 13. Jahrhundert entstanden die Universitäten, eine Erfindung des Mittelalters, inmitten der Städte: Bologna, Montpellier, Paris, Oxford, Neapel, Toulouse, dann Löwen und viele andere. Die Theologie, die Königin der Wissenschaften, die der Kenntnis Gottes gewidmet ist und zunächst in den Klosterschulen des Hochmittelalters gepflegt wurde, verliert nach und nach das Wissensmonopol. Die Philosophie löst sich allmählich von ihr. Die Universität, die sich allen öffnen will, wird mehr und mehr von Laien geprägt. Wenn die Kirche die neue Kultur verurteilt, insbesondere die entstehende Auffassung der Sexualität – was sind die Wurzeln einer solchen Verurteilung?

Jacques Le Goff hat sie meisterhaft ausgegraben, von der Spätantike bis zum siegreichen Augustinismus. Schon das Johannesevangelium verkündet: »Der Geist ist's, der lebendig macht; das Fleisch ist nichts nütze« (6, 63). Eine Verherrlichung des Geistigen, für die man in den Evangelien noch weitere Beispiele findet (der Körper ist nur das Tabernakel der Seele). Lauschen wir dem Papst und Philosophen Gregor dem Großen im 7. Jahrhundert: »Was wollen wir also mit Schwefel sagen, wenn nicht fleischliche Sünde?«[88]

Ausgehend von der Entwertung der materiellen Welt, die es vom antiken Platonismus geerbt hat, erfindet das westliche Christentum die Sünde des Fleisches und schreitet fort zur Verteufelung des Körpers. Die Frau spielt dabei eine zentrale Rolle: Als Verführerin verkörpert sie das Hindernis für die Spiritualität schlechthin. Die Wollust, die sie erregt, läßt die Mönche in die Wüste fliehen. Augustinus, der vom Platonismus beeinflußt ist und dessen Gestalt die mittelalterliche Theologie beherrscht, sieht darin das letzte Hindernis für seine eigene Bekehrung, wobei er vom Objekt der Begierde zum Haß auf die Begierde, zur Verachtung des Körpers gelangt und gegen das »Gesetz der Sünde, das in [seinen] Gliedern herrschte«[89], angeht.

Das Lob der Keuschheit und der Erfolg des Mönchtums, die einander bedingen, sowie die Verdammung der *luxuria*, der *fornicatio*, und das bis in die Ehe hinein – diese Züge haben die Sexualität des christlichen Westens geprägt. Dennoch legt Le Goff Wert auf die Präzisierung: »Von den Vorschriften zur Praxis war der Graben zweifellos groß.«[90]

Wir konnten dies bereits bei der Lektüre der Troubadoure oder des *Traktats über die Liebe* von Andreas Capellanus feststellen. Und deshalb sprechen wir diesbezüglich von einer Gegenkultur. Aber wir wollen noch weiter gehen: zeigen, daß im Mittelalter die kirchliche Kultur selbst von anderen Auffassungen angefochten wird. An ihren Rändern, manchmal auch in ihrem Herzen selbst, taucht eine ganz und gar einzigartige Erotik auf.

Es sei gleich zu Anfang festgehalten, daß unserer Ansicht nach alles in dieser Debatte – und es gibt eine Debatte – entstellt ist, da diejenigen, die sich für diese Frage interessiert haben, allzu häufig mit anachronistischen Annahmen daran gegangen sind. Ihre Interpretationen zeugen von der modernen Spaltung, die Materialismus und Spiritualität gegeneinander setzt.

So ist die von den Troubadouren entwickelte Erotik als spiritualistisch bezeichnet worden, wie wir gesehen haben: Unter dem Vorwand, daß die letzten von ihnen in der Zeit, in der Okzitanien unter die strenge Überwachung durch die Kirche gestellt worden war, die Jungfrau gepriesen haben und daß die italienischen *trovatori* mit Petrarca an der Spitze ihrem Vorbild gefolgt sind, hat man ihnen unterstellt, es habe sie nach etwas ganz anderem als nach der geliebten Frau verlangt. Danach wären sie für die einen – Bezzola, Pernoud – nahezu fromm, für einen anderen – de Rougemont – heimliche Katharer und schließlich – bei Duby – Krypto-Homosexuelle. Und die Historiker des 19. Jahrhunderts schrieben ihnen im allgemeinen »platonische« Liebschaften zu. Damit hat man sie ganz einfach nicht ernst genommen.

Unter einem ganz anderen Blickwinkel wird den Gefühlsausbrüchen der mittelalterlichen Mystiker und besonders denen der Frauen unterstellt, sie würden nur sexuelle Begierde verschleiern. Unserer Ansicht nach heißt das, auch sie nicht ernst zu nehmen. Wir werden das beweisen.

Man gelangt also zu folgendem Paradox: Diejenigen, die das Verlangen nach der Frau besungen haben – und die wenigen weiblichen Troubadoure, die man erst jüngst entdeckt hat und die das Verlangen nach dem Mann besungen haben –, hätten in Wirklichkeit nach etwas anderem gestrebt. Was die betrifft, die das Verlangen nach Gott verherrlichten, so seien diese dagegen von der fleischlichen Liebe getrieben: Die Annahmen derjenigen, die sie so angesprochen haben, Spiritualisten hier, Materialisten dort, stimmen nicht mit dem von ihnen interpretierten Wortlaut überein. Denn die mittelalterliche Denkweise kennt ganz grundlegend die moderne Trennung zwischen Spiritualität und Materialismus nicht. Das Mittelalter erscheint uns vor allem als ein Geisteszustand, der darin besteht, die Wirklichkeit zu vergeistigen. Es sieht Transzendenz und Immanenz nicht als Gegensätze. Auch deshalb kann uns der mittelalterliche Mensch als zutiefst gespalten erscheinen: hin- und hergerissen zwischen seiner Liebe zur Schönheit der Welt und dem Dienst für einen körperlosen Gott. Doch vereinigen sich die beiden Bestrebungen nicht auf dem Höhepunkt mittelalterlicher Kühnheit?

»Zweifellos scheinen die reine Liebe und die fleischliche Liebe verschiedene Gefühle zu sein, und doch, wenn man genau hinsieht, kann man meinen, daß die reine Liebe ihrer Natur nach der körperlichen Liebe ähnelt und daß sie aus demselben Gefühl hervorgeht. Das Wesen der beiden Arten zu lieben ist dasselbe, aber die Art und Weise, auf die man liebt, ist bei beiden unterschiedlich ...«, sagt Andreas Capellanus.[91] Sind wir imstande, den erstaunlichen Satz zu verstehen, den der in der Liebe erfahrene Kleriker im 12. Jahrhundert verkündet?

Lassen wir einige Mystiker des Mittelalters zu Wort kommen. Wenden wir uns an Hildegard von Bingen (1098–1179), Frau, Heilige, Visionärin, Klosterverwalterin, Beraterin deutscher Kaiser, Physikerin und Medizinerin, Dichterin und Musikerin[92], die sogar von dem groben Bernhard von Clairvaux respektiert wurde. Hildegard spricht wie die Troubadoure mit dem Unterton des Hoheliedes von Liebe – jenes biblischen Textes, der vor Sinnlichkeit überfließt. Als Frau besingt sie die Frau, die die Jungfrau war.

»Schönste du und Lieblichste,
o wie sehr hat Gott sich an dir entzückt,
daß er so die Liebesglut
in dich eingesenkt,
daß sein Sohn von dir sich nährte.
Voller Freude war dein Leib,
da aus dir
alle Symphonie des Himmels tönte
(...)
Und dein Schoß frohlockte
gleich dem Gras, auf das der Tau sich senkt,
wenn er ihm die Kraft zum Grünen eingegossen.«[93]

Der Bauch und das Blut, der Schoß und das Fleisch, die Blumen und das Gras kehren in jenen klaren Hymnen ständig wieder, die man wie die *cansos* der okzitanischen Lyrik gesungen hören muß, um sie ganz zu verstehen. Hildegard wendet sich an die Sinne, unaufhörlich spielt sie mit ihnen und versetzt sie in Freude, sie, die eine »Feder im Atem Gottes« sein möchte. Sie ist immer nahe am Körper, an der Natur: Sie sieht darin die Schönheit Gottes. Deshalb können wir dem Philosophen Jean-Noël Vuarnet nicht folgen, wenn er sie »geheimnisvoll« nennt, müssen ihm aber zustimmen, wenn er sie schließlich als *aurorale*, »der Morgenröte zugehörig«, bezeichnet.[94]

Zu den Visionen der Propheten schreibt diejenige, die zu Lebzeiten »prophetissa teutonica«, »Edelstein Bingens« und »rheinische Sibylle« genannt wurde: »Dies alles geschieht in der Lauterkeit der Einfalt; in der Einfalt eines Kindes redet sie nichts, als was sie sieht und was sie weiß.«[95] Es gibt nichts Leuchtenderes, nichts, was weniger dunkel wäre als die Visionen und Hymnen Hildegards.

Sie ist die erste, die die höfische Terminologie zitiert, so wie sie auch die des Hohelieds verwendet, dieses ausführlich von Bernhard von Clairvaux kommentierten Textes. Dieser hatte der Äbtissin von Bingen zunächst mißtrauisch gegenüber gestanden, bevor er sie sogar beim Papst förderte. Der einflußreichste Theologe des 12. Jahrhunderts näherte den sinnlichen Text des biblischen Buchs der spirituellen Allegorie. Hören wir, was er sagt: »Mit Recht vertraut sich daher die Braut auf der Suche nach dem Geliebten ihrer Seele nicht den Sinnen ihres Fleisches an, noch läßt sie sich auf eitle Berechnungen menschlicher Wißbegier ein: nein, sie bittet um den Kuß, das heißt sie ruft den Heiligen Geist an, von dem sie sich zum Genuß der Wissenschaft zugleich die Würze der Gnade verspricht.«[96]

Ist das Schlüsselwort hier nicht dieses »das heißt«, durch das Bernhard den biblischen Text auf seine Weise sprechen läßt? Auf welchen Abschnitt des Hohelieds spielt er an? Zweifellos auf den Beginn des hebräischen Textes. Lesen wir ihn unsererseits:

»Küßte er mich
mit Küssen seines Munds –
so gut
sind deine Zärtlichkeiten,
mehr als Wein.«[97]

Sicher, der Text beinhaltet vielfache Bedeutungen, er kann endlos interpretiert werden, und das macht seinen unerschöpflichen Reichtum aus. Aber während Bernhard von Clairvaux sagt, daß die Verlobte des Hohelieds sich »nicht den Sinnen ihres Fleisches anvertraut«, scheint es uns gerechtfertigt, seiner Interpretation zu widersprechen, sein »das heißt« in Frage zu stellen, weil es uns dem hebräischen Text eine letzte Wahrheit, einen abschließenden Sinn zu rauben scheint. Daß das Hohelied als eine Metapher der Begegnung der menschlichen Seele (der Verlobten) mit dem Göttlichen (dem Verlobten) gelesen werden kann, scheint offensichtlich. Dennoch, wenn der Theologe dahin gelangt, die körperliche Dimension des hebräischen Textes ganz und gar zu leugnen, ist er unserer Ansicht nach nahe an einer Fehldeutung, jedenfalls nahe an einer Bedeutungsverengung, der sich die Intensität des Textes zu Recht widersetzt.

Ganz anders sind die Worte Hildegards von Bingen, die den sinnlichen Wortschatz verwenden, um von der Begegnung mit dem Göttlichen zu sprechen, ohne jedoch jemals die materielle Dimension dieser Begegnung zu leugnen. »Gott kann ja nicht direkt geschaut werden; Er wird vielmehr durch die Schöpfung erkannt, erkannt einzig und allein durch den Menschen, der da ist ein Spiegel aller Wunder Gottes.«[98]

Was Hildegards Visionen betrifft, so hatte sie sie in wachem Zustand, weder im Traum noch in Ekstase: Sie hat sie mit ihren *inneren* Augen und Ohren wahrgenommen. Die Menschen des Mittelalters dachten nämlich, daß jeder unserer »äußeren« Sinne sich in »innere« Sinne aufteile. Eine Wahrnehmung »mit lauterem Geist«, sagt sie weiter.[99] Die Aufwertung des Körpers, das Interesse an der Sexualität, die Schönheit der Natur, das sind einige der aufgegriffenen Themen.

Hildegard hinterläßt uns ihre Visionen und das, was die Stimme zu ihr gesagt hat, wobei sie neue materielle Wege der Vermittlung einsetzt: geschriebene Worte und Lieder der Stimme des Blutes. Visionen, die die mittelalterlichen Künstler ohne Zögern mit Hilfe von Miniaturen oder Teppichen im Flamboyantstil illustrierten.

Im übrigen ist das Paradox der Mystik letztlich ziemlich nah an demjenigen, das die gesamte Lyrik der Troubadoure heimsucht. Jene wandten sich im geheimen an eine geliebte oder begehrte Frau, aber ruhten nicht, sie öffentlich zu besingen. Der Begriff Mystik verweist seinerseits auf das Schweigen (*mutos* im Griechischen), auf die Begegnung mit dem Unaussprechlichen, und dennoch gibt es nichts Weitschweifigeres als die Mystiker.

Festgehalten sei noch, nach Jean-Noël Vuarnet, daß die großen weiblichen Gestalten der mittelalterlichen Mystik, etwa Hildegard, meistens die Hilfe eines Sekretärs nutzten: Der Mönch Volmar, die heißgeliebte Richardis von Stade und dann Wibert von Gembloux haben sich nacheinander bei der Äbtissin von Bingen abgelöst. Ihr Wort ist uns über diesen Weg der Übertragung überliefert. In ähnlicher Weise haben die Troubadoure regelmäßig das Können der fahrenden Sänger genutzt, die damit beauftragt waren, die von ihnen komponierten Lieder an den Höfen wiederzugeben.

Aus dem Zusammenhang des Wortschatzes, den Hildegard von Bingen und dann Clara von Assisi, Mechthild von Magdeburg, Hadewijch von Antwerpen, Margareta Porete oder Katharina von Siena verwendeten, mit dem Vokabular der höfischen Liebe hat man, wie oben erwähnt, schließen können, daß die Troubadoure heimliche Mystiker gewesen seien, und umgekehrt, daß die Mystiker die Sinnlichkeit unter dem Deckmantel der Spiritualität verborgen hätten. Wir haben bei der Lektüre der Troubadoure und beim Vergleich der wichtigsten ihrer Kunst gewidmeten Aufsätze gezeigt, daß die okzitanische Lyrik auf den – körperlichen und geistigen – Austausch mit Wesen aus Fleisch und Blut – und Geist – zielt. Wie steht es damit bei den Mystikern?

In der mitunter glühenden Vermählung mit dem Göttlichen, die sie oft in ekstatischer Weise erleben, kann man, wie Jean-Noël Vuarnet klug formuliert hat, »die Leere, die Hingabe, die Lust, den Sex ohne Ort noch Bezeichnung« erahnen.[100]

Ein Orgasmus der Seele, eine geistige Hochzeit, bei der der *furor amoris* losbricht, »eine Liebeswunde, die hienieden das Süßeste und das Schrecklichste ist«, wie Jan van Ruusbroec (1293–1381) schreibt, ein flämischer Mystiker und Erbe der rheinischen Mystik. Die Mystiker des Mittelalters sind im wesentlichen Frauen, und Vuarnet spricht bei einigen Männern wie etwa Ruusbroec oder Meister Eckhart von ihrer Verweiblichung. Warum? Die Antwort, die der Philosoph gibt, ist unserer Ansicht nach bewundernswert: »Jede männliche Rolle ist Gott gegenüber, vor Gott einfach nicht möglich.«[101]

Allein eine weit offenstehende Seele und die Vernichtung des Geistes erlauben für Ruusbroec oder Meister Eckhart, die beide dem Denken der Beginen nahestehen, den Empfang des Gatten. Das Hinabsteigen des Göttlichen an sich, das sich zum Armen im Geiste herabsenkt und ihn dazu bringt, sich zu erheben. Unter der Voraussetzung, daß man sich von allem befreit hat. Weit entfernt von jeder Macht, von jedem Anspruch auf Wissen, sehr weit entfernt vom männlichen Teil von Eros, wie ihn Sokrates beschrieben hat (Jäger, schlauer Fuchs, Schönredner, redegewandt), sehr nah am weiblichen Teil des sokratischen Eros (dem es an allem fehlt, ein ganz und gar armer Habenichts), ähnelt diese Ekstase merkwürdigerweise dem *satori*, der Erleuchtung des Zen, wenn nichts mehr zwischen einem selbst und der Wirklichkeit steht. Es ist also eine Begegnung, die nicht über die Erkenntnis verläuft, eine Begegnung ohne Vermittler.

Die Bewegung der Beginen und Begarden, die sich Ende des 12. Jahrhunderts in Nordeuropa entwickelte, zunächst unabhängig von der Kirche, fällt in den Einflußbereich der häretischen Strömung des Freien Geistes.[102] Hadewijch von Antwerpen (um 1240), die wahrscheinlich Begine war, entnimmt dem Minnesang – der Liebeslyrik, die die Minnesänger Nordeuropas von den okzitanischen Troubadouren geerbt haben – ihre Worte, um von den Ekstasen zu sprechen, wenn Seele und Gott sich vereinigen. Indem sie den »Sturm einer Begierde ohne Gnade« auslöst, führt die wachsende gegenseitige Zuneigung denjenigen, der liebt, zum totalen Vergessen, zum absoluten Verzicht. Diese Mystik, die die absolute Erniedrigung liebt, beeinflußte Ruusbroec maßgeblich, den Prior der Abtei von Groenendael, der *Die Zierde der geistlichen Hochzeit*, aber auch ein *Buch von den zwölf Beginen* geschrieben hat.

Vor ihm war der Deutsche Meister Eckhart (1260–1328) beauftragt worden, den Beginen in der Region von Straßburg eine Strafpredigt zu halten, nachdem er an der Universität von Paris Theologie erst in glänzender Weise studiert, dann gelehrt hatte. Statt dessen ließ er sich von ihnen verführen, und seine Predigten griffen bald ihr Gedankengut auf. Ein Denken der Leere, ein Nicht-Denken, Nicht-Wissen, das dem rheinischen Meister zufolge allein den Zugang zum Göttlichen und die Vergottung des Menschen erlaubt. Das Papsttum wird diese Ideen verurteilen, am Ende eines Prozesses, der so lang ist, daß der Angeklagte in der Zwischenzeit stirbt.

Etwas früher, am 1. Juni 1310, war Margareta Porete, eine Begine aus dem Hennegau, auf Befehl der Inquisition auf der Place de Grève in Paris lebendig verbrannt worden. Ihr *Spiegel der einfachen Seelen* propagierte die Erfahrung eines Kontakts mit Gott ohne jeden Vermittler.

»Sie [die Liebe] sagt, die vernichtigte Seele sei ohne sie, wenn sie keinerlei Empfindung ihrer Natur, kein Werk und keinerlei inneres Wirken, weder Schmach, noch Ehre, noch Furcht vor etwas, das ihr zustößt, noch Anhänglichkeit an die göttliche Güte aufweist. Sie weiß auch nichts mehr von einer Einwohnung des Willens, sie befindet sich vielmehr zu allen Stunden ohne Willen. So ist sie vernichtigt, ohne sie, was immer Gott von ihr noch zu ertragen habe. Sie tut jetzt alles ohne sie, sie läßt auch alles ohne sie. Dies ist kein Wunder! Sie ist nicht mehr für sich, denn sie lebt aus der göttlichen Substanz.«[103]

Dieses ekstatische Verlassen der Seele, dieses Nicht-Wollen, das demjenigen des Zen-Buddhismus ähnelt, wie Jean-Noël Vuarnet zu Recht festgestellt hat, kann das nicht letztlich als atheistisch bezeichnet werden? Es handelt sich auf jeden Fall um eine grenzüberschreitende Erfahrung, jene der »unendlichen Kraft« der Liebe, die, so Hadewijch, »mein Wesen erweitert«.[104]

Diese Erfahrung, jene der *Seelen, die dem Leben des Geistes abgestorben sind*, nennt Margareta Porete ebenfalls Liebe. Und sie fügt hinzu: »Diese Liebe, von der wir reden, ist die Vereinigung der Liebenden und ein loderndes Feuer, das brennt, ohne daß man es anfacht.«[105] Margareta Porete, die sich explizit von der *Fin'Amour* anregen läßt und das intensive Bemühen der mittelalterlichen Theologie in Frage stellt, den Glauben mit der Vernunft, den Werken, dem Willen zu versöhnen, preist die Hingabe der Liebe. Das Aufgeben der Tugenden, der Handlung, des Wollens, die Abwesenheit von sich selbst sind ihr zufolge die Bedingungen für die Begegnung mit dem Anderen.

Wir sind mit diesem radikalen Text ganz nah an der eigenartigen Erotik, die die Mystik des Mittelalters erfüllt. Der *Spiegel* nennt »eine kleine Beispielerzählung von der Weltliebe«, angewandt auf die Gottesliebe.[106] Wenn auch diese überschwenglichen Begegnungen der Seele mit Gott der Glut der Liebenden ähneln, wenn auch die benutzten Worte dieselben sind, so ist doch das Verlangen nach Vereinigung hier ein geistiges, nicht ein körperliches. Aber die Verwendung desselben erotischen Vokabulars, das die Mystiker eindeutig der höfischen Lyrik entlehnt haben und nicht umgekehrt, ist nicht ohne Bedeutung. Es ist das Zeichen einer ähnlichen Erfahrung, bei der die Begierde in gleicher Weise im Spiel ist. Das Thema der Nacktheit (natürlich der Seele), das mehrere mittelalterliche Mystiker gerne einsetzen, wird nicht immer unzweideutig behandelt. So etwa bei der Italienerin Angela von Foligno (1249–1309): »Bei dieser Erkenntnis des Kreuzes überkam mich ein solches Feuer, daß ich, die ich nahe beim Kreuz stand, mich all meiner Kleider entledigte und mich ihm ganz hingab.«[107] Die Ekstase äußert sich im übrigen im Körper jener Frauen: geschwächte Körper, von Stigmata gezeichnet, blutend, mitunter schwebend, regelmäßig im Griff heftiger Fieberanfälle. Der Sekretär Angelas von Foligno, Fra Arnaldo, bezeugt: »Wenn sie sich mit dem Herrn unter-

»Heilige Maria Egyptiaca« | Hans Memling | Triptychon des Adriaan Reins 1480

hielt, verlieh die Freude Angela eine andere Gestalt und einen
anderen Körper; der Genuß des Heiligen Geistes setzte ihr
Fleisch in Brand (...) man hätte gesagt, ein Geist ohne Körper,
und doch strahlte der Körper.«[108] Was den faszinierten Blick betrifft, mit dem die männlichen Sekretäre die Mystikerinnen be-
trachteten, hebt Vuarnet hervor, daß somit »alle ekstatischen
Frauen sich bevorzugt an eine Person des anderen Geschlechts
wandten«.[109]

Der Sex ist bei den Troubadouren sehr präsent, und er fehlt
bei den Mystikerinnen nicht, ist nur »ohne Ort noch Bezeichnung«. Er treibt als Gespenst ihre Ekstasen und ihre Schriften
an, der kirchlichen Zensur zum Trotz. Diese scheint nicht recht
zu wissen, was sie damit machen soll.

Während die Kirche im Mittelalter die »körperliche Philosophie« Hildegards von Bingen respektiert hat, die die Sexualität
als Teil des menschlichen Wesens propagierte, während Ruusbroec bewundernswerter Lehrer genannt wurde, sahen sich
Margareta Porete oder Meister Eckhart verurteilt. Die Diskussion war offen und bewegte eine Religion in ihrem Inneren, die
mitunter die Schönheit der Welt, diesen Spiegel des Göttlichen,
akzeptierte, ja sogar verherrlichte, und dem zum Trotz bald wieder den Körper verdammte und infolgedessen die Begierde ver-
teufelte.[110]

Dann umfaßt er sie eng und umarmt sie
Und küßt sie auf den zarten Mund;
Und das Geschlecht beginnt sich anzuspannen
Was sie erregt und entzückt.
Und er legt es ihr in die Fläche der Hand.

Le songe des vits

JEAN BODEL (UM 1165–1209)

Negativbilder, Fälschungen, Parodien: So können uns einige
Ausdrucksformen der mittelalterlichen Kultur erscheinen, die
normalerweise von den Gelehrten mit Stillschweigen übergan-
gen werden oder aber nur als burlesk und humoristisch einge-
schätzt werden. Wir wollen von den Fabliaux, den altfranzösischen Verserzählungen, und den Schwänken sprechen, wobei
die einen in den Bereich der Literatur, die anderen in den Bereich des Theaters gehören, aber auch von den Vagantenliedern,
von den sonderbaren Zeichnungen am Rand der Handschriften,
den erstaunlichen Skulpturen, die die Wasserspeier oder andere
als obszön bezeichnete Figuren an den Kathedralen darstellen,
und von jenen wunderlichen Festlichkeiten wie der Eselsmesse
oder dem Fest der Narren.

Die Gesamtheit dieser Ausdrucksformen, die oft als marginal eingestuft werden – dieses Wort geht genau auf die Ränder zurück, die um die handschriftlichen Texte herum frei blieben – trägt in weiten Bereichen erotische Züge. Eine eigentümliche Sichtweise der Sexualität kommt hier zum Vorschein, die sich stark von der der höfischen Liebe unterscheidet und die meilenweit von den mystischen Hochzeiten entfernt ist.

Nehmen wir die Fabliaux. Ein Komplex von Texten, die auf Latein und Französisch vom ausgehenden 12. bis Anfang des 14. Jahrhunderts verfaßt wurden, im wesentlichen in Nordfrankreich. Etwa 150 Texte sind heute noch erhalten, und ein Großteil davon greift erotische Themen auf. Bédier, der große Gelehrte, der zur Zeit der Romantik arbeitete, hat sie 1893 als »komische Geschichten in Versen« bezeichnet und von ihnen als »Schlüpfrigkeiten« gesprochen.

Der Sex wird hier tatsächlich ganz ungeschminkt zur Sprache gebracht, weit entfernt von den Raffinessen, die die höfische Lyrik entwickelt hatte:

Beim Herzen Gottes, ich komme vom Vögeln
Und weißt du wen? Die Tochter des Wirts
Ich habe sie von allen Seiten genossen
Ich habe ihr Faß gut angestochen.[111]

Er hat sein Glied in die Fotze gestoßen,
Dann hat er so sehr gehämmert und geschlagen,
Daß er tat, was er tun wollte.[112]

Sie beginnt, ihn glattzustreichen;
Rosette nimmt ihn in die Hände

Ohne böse Absicht.
Sanft umfaßt sie ihn und bearbeitet ihn
Und der Schwanz richtet seinen Hals in ihrer Hand auf.[113]

Ein voyeuristischer und lüsterner Priester, eine nymphomanische
Witwe, eine Frau, die von einer Messe träumt, bei der Phalli in
jeder Größe zum Verkauf stehen, ein Ritter, der von einer Fee die
Gabe erhält, die Fotzen sprechen zu lassen, ein junger Tunichtgut,
der sich als Mädchen verkleidet, um dabei zu sein, wenn die jungen
Damen schlafen gehen – »er sah ihre kleinen angeschwollenen
und bartlosen Fotzen« –, die Personen, die in den Fabliaux auftreten, sind sicher originell, und die Situationen, die dargestellt
werden, sind es nicht minder. Sie zeigen eine Komik, die auf
der Verwechslung beruht, auf der Unkenntnis des einen und der
Durchtriebenheit des anderen, auf dem Wortspiel, wenn dieses
keinen Widersinn ergibt. Es sind Schwänke, deren sprachliche
Erfindungskraft und unanständiger Humor bereits auf Rabelais vorausdeuten.

Dennoch äußert sich in diesen Texten, die von einer phanta-
sierten Sexualität zeugen, bei der man sich im übrigen normalerweise im Traum liebt, wo das Vögeln mitunter eine Wäh-
rungseinheit ist, wo das männliche Geschlechtsorgan als Fohlen
oder Eichhörnchen durchgeht, wo die Vaginen und die Hintern
laut sprechen, auch die Wirklichkeit. Sie beschreiben die ehe-
lichen Gewohnheiten der Zeit, die Eßkultur, die beruflichen
Beschäftigungen in den Städten und auf dem Land um das 13.
Jahrhundert herum, und das in einem ganz anderen Milieu als
in den Liedern der Troubadoure, den Artusromanen oder auch
bei den Männern und Frauen der Hochkultur, die die Theologen und die Mystiker sind. Denn was bei der Lektüre der Fabli-

aux sofort auffällt, ist, daß sie Bauern, Handwerker, Kaufleute, Bürger und Priester des niederen Klerus in den Mittelpunkt stellen, also die gesellschaftlichen Schichten, die in den Heldenepen, den höfischen Romanen oder den theologischen und philosophischen Schriften der Zeit höchstens am Rande vorkommen.

Über die Verfasser ist nur wenig bekannt, ob sie nun anonym sind oder nicht, und man vermutet, daß die Fabliaux auf den Festwiesen, den Marktplätzen und sogar in den Häusern vorgetragen wurden – oder gar in den Burgen, was jedoch weniger sicher ist. Die Texte enthalten jedoch einige Hinweise: Ihre Verfasser bezeichnen sich als fahrende Sänger, nicht als Kleriker, sie erläutern, daß sie je nach ihrem erzählerischen Talent gut oder schlecht, reichlich oder in klingender Münze bezahlt werden. Einige von ihnen scheinen gebildet gewesen zu sein, und die scharfsinnigen Parodien auf die Artusromane, die der Philologe Luciano Rossi in mehreren Fabliaux nachgewiesen hat, zeugen davon, aber man kann vernünftigerweise die These aufstellen, daß es sich dann um umherziehende Kleriker handelte, um jene *vagantes*, die bindungslos von Stadt zu Dorf zogen und auf die unwahrscheinliche Gelegenheit zu einer Anstellung warteten. Diese Vaganten, die für ihre Besäufnisse und Ausschweifungen bekannt waren, deuten schon auf die auf die schiefe Bahn geratenen Studenten hin, die François Villon am Ausgang des Mittelalters so schätzte.

Es darf uns nicht täuschen, daß einige ihrer Erzählungen Gegenstand prachtvoller Handschriften geworden sind, die der ein oder andere mächtige Adlige oder wohlhabende Großbürger in Auftrag gegeben hatte: Es handelt sich um eine Literatur, die ihren Ursprung im Volk hat. Denn wenn sie einmal Adlige auftreten läßt, dann um sie als zugrunde gerichtet, mittellos und zu nicht standesgemäßen Heiraten gezwungen zu zeigen oder um sie offen lächerlich zu machen.

Der lange Fabliau von Douin de Lavesne mit dem Titel *Trubert*, in dem eine Reihe burlesker Episoden aufeinander folgen, hat einen jungen Bauern zum Helden, der den Anschein erweckt, dumm zu sein, und damit Schritt für Schritt die ganze Welt hereinlegt, vor allem einen reichen Herzog und seine Frau, denen er sich nach und nach als Zimmermann, als Arzt, als Ritter und als Frau vorstellt. Der große Herr findet sich zum Schluß verprügelt und mit Scheiße beschmiert wieder und seine Frau »dreizehnmal« gevögelt. Eine phantasierte Rache des Bauern am Adligen. Aber hinter der Reihe der Geschichten, die *Trubert* darstellt, zeichnet sich grundsätzlicher die Gestalt des göttlichen Schelmen ab, des zugleich rohen und machiavellistischen Schurken, dessen Streiche die Weltordnung auf den Kopf stellen. Trubert erinnert an den uralten König Affe der chinesischen Volkserzählungen, der sogar die Götter beunruhigte. Auch läßt er mit seinen Verkleidungen, seiner Bosheit und Gewalt schon den Till Eugenspiegel der deutschen Erzählungen des 15. Jahrhunderts erahnen, der ebenfalls ein Fachmann für Vermummungen und üble Streiche ist, die auf Kosten der Honoratioren gehen. Am Ende wird es Dostojewskij mit dem *Idioten* sein, der diesen Archetyp in der letzten Konsequenz entfaltet, wobei seine Gestalt nach der Aussage des russischen Romanciers die reinste Form der Naivität aufweist und gerade von dort aus das Dämonische berührt.

Schon der Beginn von *Trubert* muß unsere Aufmerksamkeit erregen. Es wird erzählt, wie der völlig unwissende Bauer mit Zustimmung seiner Mutter die einzige Kuh des Hofs auf dem Markt der nahegelegenen Stadt verkauft. In seiner Naivität gibt er sie für fast nichts her, aber sein lächerlicher Gewinn wird ihn im Lauf der Handlung allmählich zum Wohlstand bringen. Das ist auch ein wiederkehrendes Motiv, das in zahlreichen Märchen vorkommt. Wir führen hier nur »Jack und die Riesenbohne« an, das sicher das bekannteste ist.

Wenn man genauer hinsieht, findet man in den Fabliaux sehr viele Themen, die aus der mündlichen Tradition der Märchen stammen: das Motiv des Verkleideten, der Umgang mit Frauen haben darf, das des männlichen Geschlechtsorgans, das sich in ein Tier verwandelt (»Das Fräulein, das es nicht ertrug, daß vom Vögeln geredet wurde«), das Motiv des »erotischen Spiegels«, den ein Betrüger geschaffen hat, das der als Kämpfer verkleideten Frau, das der unwürdigen Witwe, ganz zu schweigen vom sexuellen Appetit der Priester.

Zum Vergleich: Die russischen *Erotischen Märchen*, die der große Volkskundler Afanasjew und seine Mitarbeiter Mitte des 19. Jahrhunderts gesammelt haben, sind voll von lüsternen Popen. Diese alten Volkserzählungen bieten im übrigen Variationen von Themen, die oft mit den in den Fabliaux überlieferten übereinstimmen. So ähnelt »Saat der Schwänze« dem *Songe des vits* (»Traum von den Schwänzen«), und die russische Füchsin – »eine verdammte Hure von Füchsin!« – weckt unausweichlich Anklänge an den mittelalterlichen *Roman de Renart* (Reineke Fuchs), dessen verschiedene Verzweigungen selbst zunächst aus mündlichen Quellen stammen.

Das Wort *fabliau* selbst, auch *flabel* oder *fabelet*, verweist auf die Fabel, worunter eine oft komische, immer aber lehrhafte Dichtung zu verstehen ist. Aber die von diesen Fabeln vermittelte Information ist eine besondere Form von Information: *et nes a ceus qui sont plain d'ire, se ils ooent bon flabeau dire, si lor fait il grant alegance, et oublier duel et pesance* ... »Und sogar denjenigen, die voller Zorn sind, verschafft ein guter Fabliau große Freude, wenn sie ihn hören, und läßt sie Trauer und alles Belastende vergessen ...« (Garin, »Der Ritter, der die Fotzen sprechen ließ«).

Linderung und Trost – *confortement*, schreibt Garin –, die heilenden Kräfte des Märchens sind hier versammelt, für denjenigen, der ins Innere der Fabel eintaucht, in diese Welt zwischen den Welten, wo die unbewußten Triebe Gestalt annehmen und die Archetypen der Seele sich entwickeln. Dieses Wissen des Volkes, das aus der Tiefe der Zeiten stammt und mündlich überliefert wurde, mußte nicht auf Charles Perrault und dann die Brüder Grimm warten, um als der Aufzeichnung würdig erachtet zu werden: Antike Autoren hatten damit bereits begonnen – unter anderem Äsop, den La Fontaine nachahmen wird –, und die mittelalterlichen Autoren der Fabliaux schöpfen ihrerseits aus uralten mündlichen Quellen. Es folgen der anonyme italienische Verfasser des *Novellino* (um 1262), dann Boccaccio mit dem *Decamerone* (um 1350–1353) und schließlich der Engländer Chaucer mit seinen *Canterbury Tales* (begonnen um 1386–1387).

Weitere Sammlungen fahren am Beginn der Renaissance mit derselben Arbeit der Aufzeichnung der mit literarischen Quellen vermischten volkstümlichen Tradition fort, etwa die im glänzenden Rahmen des Hofs von Burgund verfaßten *Cent nouvelles nouvelles* (1462) oder das *Heptameron* (1559) von Margarete von Navarra. Diese Aufzeichnung ist natürlich in großem Maß abhängig vom Kontext, von der Persönlichkeit und der Begabung der Verfasser. Sie tragen dazu ihre eigenen Verzerrungen, ihren Stil und ihre Gedanken bei. Perrault kennzeichnet eine sehr adlige Ironie, die Brüder Grimm führen eine düster-romantische Feder. Boccaccio schreibt mit einer raffinierten und sehr italienischen Schlüpfrigkeit, Chaucer dagegen zugleich dicht, rauh und komisch. Diese beiden Autoren des späten Mittelalters dichten in adliger Umgebung, um den Großen zu gefallen, die die Deftigkeit und Freizügigkeit der Erzählungen aus dem Volk inzwischen amüsierten.[114] Perrault macht Ende des 17. Jahrhunderts nichts anderes mit seinen *Geschichten oder Märchen aus vergangener Zeit*, einmal davon abgesehen, daß er vorgibt, sie seien für Kinder bestimmt, und sie moralisiert. Im 19. Jahrhundert arbeiteten die Brüder Grimm ihrerseits als Philologen, die dafür Sorge trugen, einen ihrer Ansicht nach nationalen Schatz zu bewahren. Dieselbe Sorge bewegte den Russen Afanasjew.

Die Verfasser der Fabliaux des 13. Jahrhunderts, fahrende Sänger oder stellungslose Kleriker, schreiben im Gegenzug ganz nah am Volk der Bauern und Bürger, die das Publikum darstellen, vor dem sie ihre Geschichten zum besten geben. Die erhaltenen Handschriften sind »armselige Bücher«. Und wenn sich unter die Zuhörer einige Adlige mischten, so stellte das zweifellos eine Ausnahme dar, wie auch die seltenen wertvollen Handschriften bezeugen.

Diese Literatur des mittelalterlichen Volkes kann also von der Vorstellung von Sexualität zeugen, die sich dieses Volk machte, fern von den theologischen Vorschriften oder den Raffinessen der höfischen Liebe. Ob es dem Kleriker Andreas Capellanus gefällt oder nicht, der davon abriet, die Landleute in die Kunst des Liebens einzuführen[115] – die Sexualität der Bauern beschäftigt sie nach den Fabliaux ebenso, wie sie die Kämpfer umtreibt ... oder auch die Kleriker. Auch hier muß es Ehebruch sein, aber deshalb, weil die jungen Knechte und vor allem die Priester verfügbarer und verliebter scheinen als viele Ehemänner. Ganz zu schweigen von der Größe ihres Geschlechtsorgans: »Er hat einen größeren als Ihr und einen dickeren, müßt Ihr wissen!«, bemerkt die Ehefrau von Meister Picon diesem gegenüber.[116]

Die Frauen scheinen in diesen Erzählungen unersättlich. Man kann darin den Einfluß der Kirche erkennen, die sie den Ursprung aller Wollust nennt. Aber dieser angenommene Antifeminismus hat auch einen Beiklang von großer Bewunderung der Verfasser der Fabliaux für die weibliche Strategie: Ob gierige Witwe oder eine junge Frau, die so tut, als könne sie nicht vom Vögeln reden hören, ob schlecht verheiratete oder verlassene Ehefrauen, sie verstehen sich wunderbar darauf, an ihr jeweiliges Ziel zu kommen. Und der eifersüchtige Ehemann erscheint hier eher lächerlich denn als Opfer.

So wenig der eigentliche sexuelle Akt Gegenstand langer Beschreibungen oder perverser Raffinessen ist, wie R. Howard Bloch bemerkt, so sehr sind Phallus oder Vagina Kultobjekte: Eine unvergleichliche sprachliche Erfindungskraft beschreibt sie unendlich detailliert. Diese Lust an der Sprache wird begleitet von einem deutlichen Hang zum erotischen Spektakel, »eine Quelle des Vergnügens, die ebenso wichtig ist wie der Akt selbst«.[117] In »Der lauernde Priester« genießt es ein Priester, einem Ehemann vor seinen Augen Hörner aufzusetzen. Trubert erregt es, wenn er die jungen Zofen der Herzogin dabei überrascht, wie sie sich vor ihm entkleiden, als er als Frau verkleidet ist. Ebensowenig kann er es sich verkneifen, einem Priester seinen »großen Schwanz« zu zeigen. Oder weiter überrascht ein Ritter drei Feen im Bad, bevor er den Hintern einer Gräfin vor seinem versammelten Hof sprechen läßt. Diese Erotik des Spektakels erinnert an den König aus dem *Lai de Graelent*, der seine Frau jedes Jahr nackt vor der Versammlung seiner Vasallen ausstellt und diese auffordert, ihre Schönheit zu rühmen.

Auch wenn das Mittelalter eine visuelle Kultur ist, die auf Gesten, auf die Bewegungen des Körpers Wert legt[118], so liegt doch die Erotik zuerst in dem Blick, der sich auf diese Körper richtet.

Das Bad, bei dem der Körper des einen den Augen des anderen enthüllt wird, ist ein wiederkehrendes Motiv der Fabliaux, in denen es den sexuellen Akt einleitet. Das erklärt die ausgesprochene Vorliebe der Menschen des Mittelalters für Badehäuser. Dort badete und aß man nackt unter Liebenden, während man sich intimen Berührungen hingab ... vor den Augen der anderen anwesenden Paare.

Mittelalterliches Kalenderbild | 15. Jh.

Diese Darstellung der körperlichen Begierden erinnert auch an das Schauspiel der derb-komischen Feste. Zwischen Weihnachten und Epiphanias gaben sich die Subdiakone einer Parodie auf die Messe hin, wobei sie zum Beispiel einen Esel auf den Altar stellten und sangen und tanzten, wonach man in die Kirche lief, um sich der Ausschweifung hinzugeben. Einige entkleideten sich dann ganz und gar, bevor sie auf mit Exkrementen bedeckten Karren durch die Stadt zogen.[119] Karnevalsorgien, parodistische Zeremonien, bei denen die Welt wie in den burlesken Fabliaux vorübergehend auf den Kopf gestellt wurde und das Komische sich mit dem Sexuellen verbindet, folgten einander bis zum 16. Jahrhundert, trotz des zeitweisen Einschreitens der kirchlichen Behörden.

Diese spektakuläre Zurschaustellung der körperlichen Begierden hat seine Wurzeln in ursprünglichen Fruchtbarkeitsriten, bei denen das Tier, das Exkrement und das Geschlechtsorgan miteinander in Verbindung gebracht werden, da sie wesentlich zum lebenserhaltenden Trieb gehören. Es sind im wesentlichen Traditionen des Volkes, wie auch die Märchen, die über die Fabliaux übermittelt werden: Vergessen wir nicht, daß die theologische Denkweise, die von Menschen der Hochkultur ausging, die niederen Schichten der europäischen Bevölkerung erst langsam und zunächst ganz oberflächlich streifte. Die Priester des niederen Klerus, die mit überkommenen Glaubensvorstellungen konfrontiert wurden und zudem meist selbst aus dem Volk stammten, hatten lange große Mühe, das Wissen der Kirchenväter diesen seit grauer Vorzeit gepflegten Riten und Begierden anzupassen. Die Heiligenverehrung ist ein gutes Beispiel, das zeigt, wie der tief verwurzelte Volksglaube an vorchristliche schützende Wesen − sei es eine Wunderquelle, sei es eine »schwarze Jungfrau«, sei es ein Gott, der irgendein körperliches oder seelisches Leiden heilen kann − schließlich die ziemlich abstrakte Sichtweise des Göttlichen, die die christliche Theologie propagierte, angesteckt hat. Die alten Gottheiten haben sich so unter neuem Namen einen Platz im Pantheon einer Kirche geschaffen, die diesen Kompromiß als wirksamer ansah als die Ausrottung der ursprünglichen Überzeugungen; die protestantischen Reformer irren sich nicht, wenn sie danach streben, diese eigentlich götzendienerische Praxis zu unterdrücken. Wurden nicht zahlreiche heilige Stätten in ähnlicher Weise an vorchristlichen heiligen Orten errichtet, die von der Kirche wiederverwertet wurden, statt sie nicht mehr zu beachten? Mont-Saint-Michel oder Santiago de Compostela stellen zwei Beispiele dafür unter vielen weiteren dar.

Die Marienverehrung selbst, die im 12. Jahrhundert aufkommt und im Zuge derer seither Unsere Liebe Frau am Fuß der
gotischen Kathedralen neben Jesus erscheint, ist sicher nichts
anderes als die Wiedereinführung einer Mutter-Göttin und Frau
unter dem Druck des Volkes in einer Religion, die bis dahin ausschließlich männlich dominiert war.

Bei eingehender Betrachtung der obszönen Skulpturen, die
sich in zahlreichen mittelalterlichen Kirchen verbergen und sich
mitunter in den Winkeln ihrer Fassaden zeigen, haben zwei französische Forscher, Claude Gaignebet und Jean-Dominique Lajoux,
ein ganzes Repertoire erstaunlicher Gestalten entdeckt, Gestalten,
die man versteht, wenn man sich ihnen von der mündlichen Überlieferung her nähert, derselben, die uns die Fabliaux, die Sprich-
wortsammlungen, die Schwänke, der *Roman de Renart* oder die Vagantenlieder überliefern. Auf welche Weise fand sich diese Volks-
kunst innen in und außen an den romanischen Kirchen und gotischen Kathedralen und in den Krümmungen kunstvollen Chor-
gestühls als Skulpturen wieder? Gaignebet und Lajoux bringen
folgende These vor: »Das Programm der inneren und äußeren
Ausschmückung der Kirche wurde von den Klerikern (Theologen,
Kanonikern, Äbten) nach einer strengen Symbolik bestimmt und
die Durchführung den Künstlern anvertraut. Aber dieses Programm (...) betraf nicht die gesamte Kirche. Die Ränder waren wie
in den Handschriften der Phantasie der Meister der Bildhauer-
kunst oder der Glasmalerei überlassen.«[120]

Diese Ränder beschränken sich nicht auf eine komische
Satire auf die kirchliche Kultur, sondern sie bringen vor allem
eine andere Kultur zum Ausdruck. Deshalb nehmen wir, die wir
eine Kirche – und oft das gesamte Mittelalter – als ein ausschließlich für die offizielle Religion errichtetes Denkmal be-

trachten, genau diese Ausdrucksformen als marginal wahr ...
wenn wir sie wahrnehmen!

Nun spiegeln diese Ränder nichtchristliche Sagen und Glaubensvorstellungen des Volkes wider, die die mündliche Überlieferung ländlichen Ursprungs kontinuierlich überliefert hat. Was entdecken wir also, das direkt in den Stein der Kirchen oder bestimmter bürgerlicher Gebäude des Mittelalters gehauen wurde? Die Heiligung der Exkremente, die Bebilderung zahlreicher volkstümlicher Sprichwörter und Wortspiele in Form von Bilderrätseln.

Bei der Untersuchung der Ränder der Psalter, Stundenbücher und Romane vor allem des 13. und 14. Jahrhunderts hat der Kunsthistoriker Michael Camille dieselben Elemente gefunden. Die Randzeichnungen, die lange als nur schmückendes oder groteskes Gekritzel angesehen wurden, belegen die Improvisationskunst der Buchmaler und entziehen sich dem offiziellen Programm der Illustrationen, das von den Auftraggebern der Handschriften bestimmt wurde. Ein Christus mit Vogelkopf, eine Nonne, die einen Affen säugt oder Penisse pflückt, Bilder, die an Sprichwörter aus der mündlichen Überlieferung erinnern, Kothaufen, die auf Platten serviert werden, Eichhörnchen, die das männliche Geschlechtsorgan symbolisieren und anale Szenen folgen aufeinander und bilden ein wahres Gegengeflecht von Bildern, das die Texte und Illustrationen der »Mitte« unterläuft.[121]

Unter den von Gaignebet und Lajoux zusammengetragenen Skulpturen finden sich auch Darstellungen der Zeit, die denjenigen der Märchen ähneln. Ein Ausdehnen und Straffen der chronologischen Abfolge, wie es in vielen Wundergeschichten vorkommt, etwa der der »Sieben Schläfer«. Einmal vergeht die Zeit normal, einmal in einem anderen Rhythmus, zu dem bestimmte

Gestalten Zugang haben können: die Schläfer der Legende, Vampire aus den Ländern des Ostens oder Ritter, die im Gefolge einer Fee in die »andere Welt« der keltisch beeinflußten Erzählungen vorstoßen. Die Darstellungen der Sexualität sind ebenfalls zahlreich. Ein nacktes junges Mädchen, mit Blumen bekränzt, reitet einen Ziegenbock (in der Kathedrale Saint-Étienne von Auxerre, 14. Jahrhundert). Ein Mann, der eine Hand auf den Brüsten, die andere zwischen den Schenkeln seiner Begleiterin hat, tollt mit ihr in einem Badehaus herum (auf einem geschnitzten Deckenbalken des Rathauses von Damme, 15. Jahrhundert).

Die Gemälde von Bosch und dann die von Brueghel – *Die Sprichwörter, Der Kampf zwischen Karneval und Fastenzeit* – bergen in ihrer bildlichen Umsetzung der deftigen Sprache des mittelalterlichen Volkes mehrere Schlüssel, und die Autoren haben einige davon entdeckt. So scheißt ein teuflisches Geschöpf bei Bosch Kothaufen, die seine Verehrer wie kostbare Hostien genießen: Es handelt sich hier um die Verschmelzung des Exkrements und des Sakraments, die man in zahlreichen geschnitzten Chorgestühlen des Mittelalters wiederfindet. Noch grundlegender verweist diese Verbindung auf die vorchristliche Heiligung des Exkrements, und man könnte sich fragen, ob Bosch nicht genau das Überleben dieser gottlosen Riten anprangert, die anläßlich der mit der Eselsmesse verbundenen Karnevalsumzüge zu Ehren kommen.

Der keltische Kalender kommt hier im Lauf der verschiedenen Feste ebenfalls zum Vorschein. So erinnert der 1. Mai an Beltaine, und der 1. November entspricht Samhain, dem wichtigsten keltischen Fest, das auf dem europäischen Kontinent als Allerheiligenfest christianisiert wurde und dem in Schottland, Irland und in den Vereinigten Staaten Halloween, die Nacht der

Masken, vorausgeht. Mit Blättern vermischte Köpfe erblühen in den Giebelfeldern der romanischen und dann der gotischen Kunst und verweisen auf die Verkleidung mit Laubwerk, die zu Beginn der keltischen Epoche an mehreren Orten Europas stattfand, immer noch zu Ehren des 1. Mai.

Das Menschliche, das pflanzlich wird, auch die Leidenschaft für das Tier: Füchse und Bären mit menschlicher Körperhaltung tollen als Skulpturen an den dem Gottesdienst gewidmeten Orten herum und erinnern an die Verwandlungen, die der keltischen Mythologie zu eigen sind, genau wie die Personen im *Roman de Renart*. Es sind ebenso Verweise auf die alte »Kontinuität zwischen dem Menschen und dem Reich der Tiere«, Zeichen eines »Antihumanismus, der sich dem romanischen und gotischen christlichen Humanismus entschieden entgegenstellt«.[122]

Schließlich findet man wilde Männer und Frauen, haarig und mit Keulen bewaffnet, neben Hirsch-Menschen, Schweine-Menschen, Fisch-Menschen und Vogel-Menschen in geschnitzter, gemalter und gewebter Form in den Kathedralen, Buchmalereien und Teppichen.

»Bekleidet war er mit Blättern, darunter war er haarig
Der verrückte und wilde Mann schien wunderbar.«[123]

Männer mit furchterregender Kraft, Frauen mit glatten Brüsten und sehr langen Haaren, die wie die der Sirenen geflochten sind. Uralte Mythen, die das Mittelalter über die Gestalt Merlins, den Zauberer keltischen Ursprungs, der regelmäßig von Artus' Hof flieht, um zu einem wilden Zustand im Wald zurückzukehren, wiederbelebt, aber auch über äußerst zahlreiche bildliche Darstellungen.

Ein grundlegender Mythos, dessen Geheimnis die Märchen in Europa und in der ganzen Welt bis zu uns überliefert haben. Dieses Geheimnis ist zum Teil mit der sexuellen Identität verbunden, wie sie der erstaunliche Reichtum an Geschichten über wilde Männer und Frauen enthüllt. Eine archaische Form von Männlichkeit, die im Inneren jedes Mannes ruht und die man heute zweifelsohne wieder zum Leben erwecken sollte, um die männliche Identität neu zu definieren.[124] Das instinktive Wesen des Weiblichen, das jede Frau in sich trägt und befreien kann.[125]

Die schmachtenden und verführerischen Sirenen, mit wogenden Brüsten und bewaffnet mit Kamm und Spiegel, finden sich ebenfalls geschnitzt in den Chorgestühlen oder Kirchenportalen. Als Bilder der Wollust und Geschöpfe tierischer Abkunft wie etwa die Fee Melusine, die regelmäßig halb Frau und halb Schlange wird, stehen sie neben anderen Darstellungen, in denen sich wie in den Fabliaux Phalli auf der Kirchenfassade aufrichten. Ganz und gar heidnische Götzenbilder, die der Zeit und den Verurteilungen getrotzt haben.

Tatsächlich schmähte der grobe heilige Bernhard im 12. Jahrhundert auf berühmten Seiten die Skulpturen, die die Kapitelle schmücken: »Was soll in unseren Klöstern, wo die Fratres das Offizium lesen, jene lächerliche Monstrosität, jene unförmige Schönheit und schöne Unförmigkeit? Was haben dort die unreinen Affen zu schaffen? Oder die wilden Löwen? Oder die monströsen Zentauren? Oder die Halbmenschen? Oder die gefleckten Tiger? (...) Überall also zeigt sich eine so große und seltsame Vielfalt verschiedenartiger Formen, daß man sich mehr dazu hingezogen fühlt, den Marmor zu lesen anstatt die Heiligen Schriften, und lieber den Tag damit verbringt, nacheinander diese Bildwerke zu betrachten, als über das göttliche Gesetz zu meditieren.«[126]

Diese heftige Kritik, die sehr direkt auf die cluniazensische Zurschaustellung zielte, um die Schlichtheit der zisterziensischen Reform zu propagieren, griff in einem tieferen Sinn auch eine wenig christliche Kunst an. Diese Art des Angriffs war nicht neu. Schon 745 verunglimpfte der Erzbischof von Canterbury die »Ornamente in Form von Würmern, die an den Rändern der kirchlichen Gewänder wimmeln; sie verkündigen den Antichrist und werden durch seine Heimtücke und von seinen Dienern in den Klöstern eingeführt, um dort Lüsternheit, Verderbtheit, schimpfliche Handlungen und Ekel vor Studium und Gebet hervorzubringen.«[127]

Die amerikanische Mediävistin Janetta Rebold Benton hat mit Hilfe eines Teleobjektivs deren Ausformungen als Wasserspeier untersucht, diese seltsamen Anhängsel, die den Denkmälern der gotischen Kunst angefügt sind. Drachen und monströse Tiere, defäkierende Menschen an den Fassaden der Kathedrale Saint-Lazare in Autun oder in Freiburg in Deutschland, eine Frau mit hochgehobenem Hemd, auf der eine Ziege reitet, an der Südseite der Kirche Notre-Dame-des-Marais in Villefranche-sur-Saône. Die heiteren, obszönen oder komischen Skulpturen aus Stein von Brügge über Paris bis York zeigen eine Schamlosigkeit, die Fragen aufwirft.

Tatsächlich sind sie, die von den Dombaumeistern sorgfältig ausgeführt wurden, oft so weit oben an den religiösen Orten angebracht, daß sie dem Blick des Menschen nicht zugänglich sind. »Wozu ist das Ausschmücken eines öffentlichen Gebäudes mit Kunstwerken gut, die die Öffentlichkeit nicht sehen kann?«[128]

Das ist eine wichtige Frage. Man könnte die These vorbringen, es handle sich um Bauten, die allein zum Ruhm Gottes errichtet wurden, aber auch um Spuren von Heidentum, die in den geheimen Winkeln, an den Rändern der christlichen Gebäude verstreut sind. Die letztere Lesart stützt die Interpretation von Gaignebet und Lajoux, und wir würden dazu neigen, ihr zu folgen, denn weshalb sollten Ungeheuer mit Fratzengesichtern dem Blick Gottes zugewandt sein, wenn nicht, um ihn herauszufordern?

Es sei denn, die burlesken oder obszönen Wasserspeier wenden sich an die Menschen, um sie zu warnen, um die Ungeheuerlichkeit der Sünde anzuprangern. Aber eine solche Warnung ist zutiefst zweideutig: ein Anprangern des Lasters, das zugleich Vorführung und Verführung ist. Die Menschen des Mittelalters waren sich dieser Ambivalenz, der aufrührerischen Verlockung bewußt, die die Ausstellung der Laster zum Zweck des Tadels hatte. Die heftige Kritik des heiligen Bernhard ist ein gutes Beispiel dafür. Wie Umberto Eco dazu sagt: »[Die Rigoristen] scheinen immer gegen etwas zu wettern, dessen – je nachdem positiven oder gefährlichen – Zaubers sie sich sehr wohl bewußt sind.«[129]

Verführung und Aufruhr verbinden sich erneut in einer berühmten Gedichtsammlung, die zwischen 1220 und 1250 verfaßt und 1803 in der Bibliothek der Benediktinerabtei Benediktbeuern in Bayern entdeckt wurde, eine Sammlung, die im 19. Jahrhundert mit dem Titel *Carmina Burana* (Lieder aus Benediktbeuern) versehen wurde. Diese Anthologie gesungener Texte, von denen man Varianten in anderen europäischen Handschriften findet, ist auf Latein verfaßt, weist jedoch auch deutsche und romanische Einschübe auf. Man findet darin Trink- und Eßlieder, eine Spielermesse, moralische Lieder und sakrale Gesänge, Frühlings- und Liebeslieder und schließlich religiöse Dramen. Die antiken Autoren wie Horaz und Ovid stehen hier neben bekannten Minnesängern wie Walther von der Vogelweide und Neidhart von Reuental oder dem Theologen und Dichter Philipp dem Kanzler, aber der Großteil der versammelten Texte bleibt anonym. Er ist das Werk von Studenten und Klerikern: den Goliarden oder Vaganten, diesen umherziehenden Gelehrten, die bettelten oder fahrende Sänger wurden. Kleriker auf Abwegen, die vorgaben, der Bruderschaft der sagenhaften Bischofs Golias anzugehören, dessen Name zugleich an den biblischen Riesen Goliat und an die Schlemmerei – *gula* auf Latein – erinnert.[130]

Mehrere Konzilien haben diese nomadisierenden Unruhestifter verurteilt, die im 11. Jahrhundert auftauchten und Ende des 13. Jahrhunderts verschwanden. Diese *vagantes* reisten viel, ihr Publikum wie auch die Verfasser der *Carmina Burana* verteilten sich über den ganzen europäischen Kontinent. Ihre Gedichte waren dazu bestimmt, auf Melodien gesungen zu werden, die über die mündliche Überlieferung weitergegeben wurden – Neumen, die Gedächtnisstützen für diese Weisen und Vorläufer unserer heutigen Notenschrift, erscheinen in der Handschrift. Tanz und Instrumente begleiteten den öffentlichen Vortrag. Wie schon anläßlich der *cansos* des *trobar* oder der Hymnen Hildegards von Bingen erwähnt, muß man die *Carmina* hören, um ihren rauhen Charme ganz genießen zu können.[131]

Neben heftiger Kritik an der Macht der Geldes, »heute der mächtigste Herrscher auf der Welt«, oder den Lastern der Großen, ob Kirchenmänner oder Ritter, Fürsten oder Könige, »schwarz wie die Nacht«, stimmen die Vaganten Oden an den Wein an, aber ihre Gedichte besingen auch die Liebe. Mit antiken Reminiszenzen:

»Wer könnte solches gebührend künden, könnte künden, mit welchem Reiz
die geheimen Zonen der Venus lusterregend prangen?«[132]

Die römische Göttin der Liebe wird ebenso regelmäßig angeführt wie Phöbus oder Kybele, die Satyrn, die Nymphen und Cupido, direkt der *Liebeskunst* Ovids entstiegen: Es herrscht ein gelehrter Ton vor, da die umherziehenden Kleriker hoch gebildet sind. Dennoch ist der sexuelle Akt klar das Ziel ihrer Lieder, weit entfernt von den Verzögerungen, die der Begierde von der höfischen Lyrik auferlegt wurden.

»Mit der Fessel der Umarmung binde ich
ihre kräftigen Arme und presse Küsse auf ihren Mund.«[133]

Die Jugend, das unmittelbare Vergnügen, der Anblick derjenigen, die »bis zu den Wölbungen ihres Bauches enthüllt ist«, die Elfenbeinzähne der Mädchen, der Nektar des Bacchus und die köstlichen Speisen, die man verschlingt, zarte Hälse, Beine von unaussprechlicher Schönheit und die Lust der Umarmungen verbinden sich mit der Kette von Worten, die die körperlichen Freuden besingen, denn hier »werden uns alle Köstlichkeiten der Welt zugleich aufgetragen«. Dieses Gefallen an den physischen Empfindungen, bei denen sich der Sex mit der Liebsten und dem Wein verbindet, wird von der Neigung zum erotischen Spektakel begleitet, das man schon in den Fabliaux finden konnte. So teilt Pierre de Blois den Anblick seiner Freundin mit uns:

»Das Bett wärmt die nackte Flora,
es schimmert ihre zarte Haut,

es leuchtet ihr mädchenhafter Oberkörper,
kleine Hügelchen sind ihre Brüste,
mit sanfter Schwellung.

(...)

Ihr makelloser Körper gibt der
sanftesten Berührung nach;
schlank um die Gürtellinie,
läßt sie ihren Nabel
auf leicht gewölbtem Bäuchlein
ein klein wenig hervorragen.«[134]

Auch das männliche Geschlechtsorgan ist Gegenstand der Bewunderung:

»Steif ist dieses Werkzeug,
hurtig, gewandt,
schlank, zart,
bescheiden, beweglich,
gelehrig, tüchtig,
feststehend – und ähnliches mehr.«[135]

Mögen auch religiöse Dramen die Sammlung beschließen, so konnte doch trotzdem festgestellt werden, daß das Spiel mit den glatten Brüsten des geliebten jungen Mädchens erlaubt, ohne Reue dem Tod gegenüberzustehen. Wenn die *Carmina* der umherziehenden Kleriker auch aus anderen Quellen schöpfen als die Fabliaux und Bezüge auf die Antike dem Umgang mit der mündlichen Tradition vorziehen, so ist es doch dasselbe sinnliche Feuer, das bei den einen wie den anderen deutlich wird. Weit entfernt von der Welt der Mächtigen, die diese bindungslosen »Scholaren« hassen, die die Ritter als dumm und die Priester als heuchlerisch einschätzen, während die Fabliaux sie ins Lächerliche zogen, ist es die Verherrlichung der körperlichen Freuden, die sich hier freie Bahn verschafft und dabei an einen ursprünglichen heidnischen Schatz anknüpft, den das Volk kontinuierlich gepflegt hatte, wobei es während des gesamten Mittelalters der Christianisierung widerstand.

So zeichnen die Parodie und das Lachen – mitunter gallig – an den Rändern der Handschriften wie an den Rändern der Kathedralen, in den Vagantenliedern wie inmitten der Fabeln die Grimasse der Wasserspeier und drehen dem heiligen Augustinus und dem heiligen Bernhard zusammen ganz unverschämt eine lange Nase.

AUSBLICK

Der russische Literaturhistoriker Michail Bachtin (1895–1975) hat als erster das Werk von François Rabelais im 16. Jahrhundert erklärt, indem er es als Nachfolger der mittelalterlichen Volkskultur ansah.[136] Aber vor allem ist Bachtin der erste, der die verschiedenen Erscheinungsformen dieser Kultur miteinander in Verbindung gesetzt hat: Karnevalsfeste, literarische Werke (Fabliaux, Schwänke, Satiren), niedriges Sprachniveau. Diese Erscheinungsformen waren bis dahin getrennt voneinander betrachtet worden.

Als Marxist sieht er in diesem Komplex, den er als »grotesken Realismus« bezeichnet, eine Utopie, die im Mittelalter wiederholt punktuell in die Tat umgesetzt worden sei, eine hypothetische Gesellschaft ohne Klassen und ohne Staat, die schon Marx erträumt hatte, für den der Kommunismus eine Rückkehr zum ursprünglichen Goldenen Zeitalter verwirklichen sollte.

Es schien uns hier überzeugender, Gaignebet und Lajoux zu folgen, die in der Volkskultur das Überbleibsel nichtchristlicher Mythen der vormittelalterlichen bäuerlichen Gesellschaft sehen. Jene kannte in keltischer Zeit (im westlichen Europa vom 6. Jahrhundert v. Chr. bis zur römischen Eroberung 58–52 v. Chr. belegt) schon die Dreiteilung in Kasten, die der gesamten indoeuropäischen Kultur eigentümlich ist: Krieger, Priester, Arbeiter.[137]

Eine Einteilung in drei Stände, die das Mittelalter seinerseits aufgreifen wird: *milites, orantes, laborantes.* Nichtsdestotrotz bleibt festzuhalten, daß die verschiedenen zeitgenössischen Studien zur Volkskultur des Mittelalters der grundlegenden Untersuchung Bachtins viel verdanken.

Was die Frage betrifft, ob die mittelalterlichen Randerscheinungen die Macht des Zentrums in Frage stellen (nach Bachtin) oder sie im Gegenteil stärken (das ist die Position von Michael Camille, dem Autor von *Image on the edge*), so erscheint sie uns im Grunde unlösbar, es sei denn, man greift ein erstes Mal auf den Begriff der Ambivalenz zurück.

Camille sieht in den Karnevalsbräuchen ein »Sicherheitsventil«, das der Zentralregierung erlaubt, ihre Macht zu sichern. Das hieße jedoch, die diversen Verbote zu vergessen, die jene Feste trafen. Die Verurteilungen, die auf den Traktat der höfischen Liebe von Andreas Capellanus, auf das Werk und die Person von Margareta Porete oder auf die Predigten von Meister Eckhart zielten, zeigen ebenso wie das Abdrängen der Vaganten und anderer marginaler Ausdrucksformen, daß letztere sehr wohl die Autoritäten in Frage stellten. Camilles Position läßt uns an jene Interpreten der heutigen Gesellschaft denken, die meinen, die Staatsgewalt sei aus den Ereignissen vom Mai 1968 in Frankreich gestärkt hervorgegangen. Das stimmt in bestimmter Hinsicht (der Diskurs in der Werbung und die politische Propaganda haben sich seither als sehr viel phantasievoller erwiesen, womit sie den Slogan »Die Phantasie an die Macht« zu ihrem eigenen Nutzen umkehrten), aber es ist auch offensichtlich, daß die Zentralgewalt 1968 wankte und daß Randströmungen wie der Feminismus oder die Ökologie seither im politischen Bereich ihren Ausdruck gefunden haben.

Unserer Ansicht nach kann man in dieser Hinsicht weder dem Marxisten Bachtin noch Camille, der in gesellschaftlichen Fatalismus, in politischen Immobilismus verfällt, recht geben. Die Randgruppen unterlaufen und stärken die Zentralgewalt zugleich. Ihre ambivalenten Anstöße sind auf jeden Fall imstande, die Dinge zu bewegen, ohne sie jedoch zu revolutionieren. Aber man weiß heute, daß die Revolutionen nicht zum Glück der Völker geführt haben.

Für Gaignebet und Lajoux zeugen die Gestalten des wilden Mannes oder der Sirene von einer ernst zu nehmenden Volksmythologie, die schließlich an den Rändern der Kirchen neben dem offiziellen Skulpturenprogramm existierte, ohne dieses grundsätzlich zu parodieren. Ist darin wirklich nichts Burleskes enthalten? Man versteht die Autoren von *Art profane et religion populaire au Moyen Âge*, die ein Gebiet erforschten, das lange nicht beachtet oder als drollig abqualifiziert wurde. Sie mußten auf polemische Weise die Gestalten rehabilitieren, die auf einen Widerstand des Volkes gegen die Verchristlichung im Mittelalter hindeuten. Aber das karnevalistische Fest der Narren, der Humor der Fabliaux oder die Randzeichnungen der Handschriften bezeugen, daß die Waffe der Gegenkultur des Volkes auch das Lachen war. Ein Mann mit Christuskopf, der sein Gesäß einem mit einer Lanze bewaffneten Affen entgegenstreckt, unterläuft den heiligen Text, neben dem er sich befindet, der Esel, der in geweihte Stätten geführt wird, ist zugleich eine Reminiszenz an heidnische Kulte und eine Parodie der Messe.

Damit berühren wir einen wesentlichen Punkt: Die verschiedenen Erscheinungsformen der Erotik, die wir berührt haben, die zunehmenden Raffinessen des *trobar*, die verhängnisvolle

Anziehung zwischen Tristan und Isolde, die glühenden Vermählungen der Mystiker, das sinnliche Feuer der Fabliaux oder der Vagantenlieder, erheben ihre Stimme gegen die »Verweigerung der Lust«, die von der offiziellen Theologie gepredigt wird. Aber deswegen machen sie diese noch lange nicht zur Fälschung.

Tatsächlich haben diese verschiedenen und erstaunlich unterschiedlichen Vorstellungen von Liebe und Sexualität einander unaufhörlich beeinflußt. Bestimmte Fabliaux ahmen stellenweise die Artusromane nach und parodieren sie dabei, die Mystikerinnen entlehnen der Lyrik der Troubadoure und der nordfranzösischen Minnesänger ihren erotischen Wortschatz, die *Carmina Burana* prangern die Heuchelei der Priester an, die sich den – im übrigen von den Vaganten gepriesenen – körperlichen Begierden hingeben, und Umberto Eco verdächtigt auf subtile Weise die strengen Theologen, zu schmähen, was sie zu Recht verlockt.

»Törichte Jungfrau« | Martin Schongauer | nach 1470

Denn das Mittelalter ist besessen von Streitgesprächen, in denen sich die Argumente wie die Lanzen im Turnier gegenüberstehen: *tenson* und *partimen* bei den okzitanischen Troubadouren, die *disputatio* der Scholastiker, Debatten von Fotze und Arsch in der mündlichen Überlieferung, scherzhafte Diskussionen im *Tractatus de Amore* des Andreas Capellanus, in denen

Männer und Frauen sich zugleich angreifen und den Hof machen, die Antwort von Christine de Pizan an Jean de Meun.

Aus jenen ständig aufbrechenden Debatten, aus jenem Geflecht, in dem die schamlosen Wasserspeier weise Jungfrauen verhöhnen, gewinnt man einen unvergleichlichen Eindruck des Lebens. Weit entfernt vom Konsens, von einer einheitlichen Denkweise, vom zeitgenössischen politisch (und sexuell) Korrekten, scheuten die Menschen des Mittelalters sich nicht, laut und deutlich zu sagen, daß die Geschlechter sich unterscheiden, daß die körperlichen Begierden nicht identisch mit den seelischen Aufwallungen sind oder daß Bauern, Bürger, Kleriker und Ritter nicht dieselben Interessen haben.

In diesen ständigen Debatten, die sich scheinbar wiederholen, entsteht das Neue. Wir schließen uns dem Urteil Umberto Ecos an: »Die mittelalterliche Kultur bringt durchaus Neues hervor, wenngleich sie sich bemüht, es unter den Überresten der Wiederholung zu verstecken (im Gegensatz zur modernen Kultur, die auch dann vorgibt, Neues zu produzieren, wenn sie nur Altes wiederholt).«[138]

Das Mittelalter lädt uns im Bereich der Erotik zum Erfindungsreichtum ein: die allmähliche Entdeckung des heterosexuellen Gefühls im *trobar*, der von der Frau initiierten Leidenschaft im Rahmen der Artussage, des gleichberechtigten liebenden Ehepaares bei Chrétien de Troyes, des Feminismus bei Christine de Pizan, der sehnsüchtigen Begegnung der Seele mit dem Göttlichen bei den Mystikern, der liebenden Sinnlichkeit bei den Vaganten.

Nun können wir den Bruch mit der Antike, den dieses Aufblühen bedeutet, ganz ermessen. Und uns dann die Frage stellen, was von diesem mittelalterlichen Erfindungsreichtum heute noch übriggeblieben ist.

Um sie besser interpretieren zu können, haben wir die vielfältigen Erscheinungsformen der Erotik im Mittelalter voneinander getrennt. Und wir haben wiederholt auf die grundlegenden Unterschiede hingewiesen, die sie trennen. Denn allzuoft haben die Berührungspunkte zwischen ihnen den modernen Interpreten einen Vorwand für zweifelhafte Verschmelzungen geliefert: Die Vergeistigung des *trobar* oder die Konkretisierung der mystischen Sehnsucht sind Beispiele offenkundiger Fehlinterpretationen.

Aber die Tatsache, daß wir die Vielfalt und die Unterschiede hervorheben, soll nicht verdecken, daß die Vorstellungen von Erotik im Mittelalter einander in einem Kaleidoskop von Formen und Farben berühren. Das Profane befand sich unmittelbar neben dem Heiligen, der Kontrast des Raffinierten und des Trivialen war die Regel, Transzendenz und Immanenz standen in ständigem Austausch, das Instinktive und das Abstrakte vermischten sich unaufhörlich. *Ambivalenz* der mittelalterlichen Kultur, Gefallen am Disput und am Widerspruch, ungeordnete Vermengung der Gattungen: Genau das ist es, worin der Geist des Mittelalters mit dem der griechisch-römischen Antike bricht. Deshalb bleibt die mittelalterliche Sichtweise der Erotik heute unerreichbar.

Platon und Ovid pflegten jeder auf seine Weise das Streben nach Reinheit, nach strengem Auseinanderhalten: Der griechische Philosoph trennte Körper und Seele und überbewertete das Geistige. Ovid wiederum zielte auf die Befriedigung der Triebe, die als die Eroberung des einen Geschlechts durch das andere begriffen wurde. Nicht ohne Grund bezeichnete der römische Dichter die Leser seiner *Liebeskunst* als Soldaten und seine Leserinnen als Amazonen. Das christliche Abendland erbt diese Vorstellungen, wobei die augustinische Theologie ihrerseits geistiges Streben und körperliche Begierde trennt. Dennoch widersprechen Weisheit und Lebensfreude des Mittelalters, die miteinander in Beziehung stehen, ohne Unterlaß dieser Dichotomie, wie wir im Detail gesehen haben, und propagieren auf vielfältige Weise die Kreuzung von Körper und Geist. Im Herzen, dem lebenswichtigen Körperorgan schlechthin, hat das Gefühl der Liebe seinen Sitz.

Die Mystik selbst schlägt sinnliche Töne an, während das Obszöne raffinierte Wendungen nimmt: Die Fabliaux sind gedrechselt und die obszönen Wasserspeier ebenso sorgfältig gemeißelt wie die Statuen von Christus oder Unserer Lieben Frau.

Das führt uns dazu, die heutige Erotik in den Blick zu nehmen. Weit entfernt von jeder Ambivalenz umfaßt diese allein den Sexualtrieb, abgesondert von allem anderen und nach platonischer oder ovidischer Art gereinigt. Die Renaissance und dann die Neuzeit, die nach und nach von der neuplatonischen Spiritualität zum materialistischen Rationalismus übergehen, stellen in dieser Hinsicht einen Rückschritt dar. Diese Epochen kennen nur das Gefühl der Liebe oder reinen Sex – in kulturellen Begriffen: die Romanze oder die Pornographie.

Die Freigeister des 18. Jahrhunderts mit de Sade an der Spitze verschmelzen Sexualität und Aggression: Das ist letztlich nur die ovidische Eroberung der Beute durch ihren Verführer in der letzten Konsequenz.

Im 19. Jahrhundert reagiert die Romantik, indem sie erneut die Leidenschaft von Tristan und Isolde ins Spiel bringt, wobei allerdings die sinnliche Körperlichkeit fehlt und das Drama sich von nun an auf die übersteigerten Gefühle der Protagonisten konzentriert.

Wir vereinfachen hier, meinen aber, daß wir damit die vorherrschenden kulturellen Merkmale treffen.

Es bedurfte Freuds und Jungs im 20. Jahrhundert, um zu zeigen, wie sehr die Sexualität ebenso eine Angelegenheit der Seele wie des Körpers ist: Ersterer knüpft an die Bedeutung des Traums an, eine vom Mittelalter geschätzte Fundgrube, die aber später vom Kartesianismus verdrängt wurde; der zweite entdeckt den Wert der Archetypen wieder, die Teil der – vergessenen, da verachteten – traditionellen Kultur waren.

Dennoch können die Bemühungen der Psychoanalyse nicht verhindern, daß die zeitgenössische Sexualität weiter zwischen privaten Lastern und öffentlichen Tugenden, zwischen Puritanismus (der zum guten Ton gehört) und (uneingestandener) Pornographie schwankt. Der alte Graben zwischen den Gefühlen und den Trieben scheint uns aktueller denn je. Filme, Werbung, Mode oder Bestsellerromane und die gesamten Massenmedien bringen diese Dichotomie zum Ausdruck, indem sie ständig zweifeln, auf welchem der beiden Register sie spielen sollen. Und sie niemals verbinden.

An den Grenzen des kulturellen Raums kann man zu diesem Zweck die ungeschminkte Erotik des Mittelalters mit ihrer zeitgenössischen Umsetzung vergleichen: der pornographischen Produktion.

Die Personen der erotischen Märchen der mündlichen Überlieferung oder diejenigen der Fabliaux werden im Netz einer Geschichte aufgefangen, die immer eine Lehre enthält. Deshalb lindert und tröstet die Fabel nach Ansicht selbst der mittelalterlichen Autoren. Die zeitgenössische Pornographie läßt Personen auftreten, die ebenso sexbesessen sind wie die der Fabliaux, von denen man jedoch nicht weiß, woher sie kommen und wohin sie gehen. Man sieht sie nur gehen und kommen, hinein und hinaus, erstarrt in dem isolierten Akt, der sich in einer Endlosschleife wiederholt, außerhalb jeder Erzählung außer der des Aktes selbst. Sinnentleerte Fabeln, die endlos vom Anschwellen zum Erschlaffen, von der Zärtlichkeit zum Orgasmus und zurück führen. Einige pornographische Filme oder Bilder werden von einer gestammelten Geschichte begleitet, die nur einen Vorwand für den Akt darstellt und zwangsläufig langweilig sein muß, da sie keinen Sinn hat. Etwas ist auf dem Weg von der Obszönität der Fabliaux zum nicht jugendfreien Kino verlorengegangen: die Vorstellung, daß der sexuelle Akt auch außerhalb eines Zusammenhangs mit der Liebe (die Fabliaux sprechen nicht von Liebe, nur von Liebesglut) Teil eines umfassenderen Handlungsablaufs ist. Die Lust am Erzählen ist abhanden gekommen. Eine genußvolle Pornographie würde voraussetzen, daß sie wieder an das Spiel der Geschichten anknüpft, denn ohne das ist sie zur Depression verdammt.

Dieses begrenzte Beispiel zeigt im Vergleich, wie sehr das fröhliche erotische Wissen, das im Mittelalter erfunden wurde, von *Ambivalenz* geprägt ist, das heißt von der Vermischung der Gattungen.[139] Die Fabliaux haben zugleich an der Obszönität und an der Raffinesse teil, die okzitanische Lyrik vermengt ständig Gefühl und Sinnlichkeit, die mystische Begegnung mit dem Göttlichen drückt sich im Körper der Frauen aus, die sich dem durchdringenden Herrn ergeben, eine Nonne säugt einen Affen am Rand des Lanzelotromans, die Kreuzgänge werden von steinernen Ungeheuern bewohnt. So belebt der Geist das Fleisch. Und der Körper hat eine Seele.

Es gibt kein sexuelles Muster im Mittelalter. Nur zahlreiche Formen der Lust. ▰▰▰▰▰▰▰▰▰▰▰▰▰▰▰▰

DAS ENDE DES MITTELALTERS

Alle schließen sich diesem Tanz an, Fürsten und Könige, das ist das unerklärliche Gesetz unserer Existenz. Szepter und Kronen zerfallen zu Staub. Vergessen wir nicht das Schicksal, das auf diese Weise unsere Freuden, unsere Feste bedroht, das sie in Tränen und Klagen verwandelt.

MICHEL PAVYE, TRAUERREDE, GEHALTEN AM 13. MÄRZ 1516 IN BRÜSSEL ANLÄSSLICH DES BEGRÄBNISSES VON DON FERDINAND VON KASTILIEN UND ARAGON

Wir haben im Verlaufs dieses Essays gesehen, wie sich der Schauplatz von der Wüste, in die die ersten Mönche fliehen, zu den Höfen des Feudalzeitalters, an denen sich der Gesang der Troubadoure erhebt, verschoben hat, zu den Wäldern, in denen sich die Liebenden der höfischen Romane verlieren und wiederfinden, zu den Klöstern und Beginengemeinschaften, in denen die mystischen Hochzeiten stattfinden. Die letzte Szene spielt in der Stadt, dort, wo sich alle kulturellen Schichten mischen, wo die Kirche an die Taverne grenzt und die Universität neben dem Badehaus steht.

Schon Ende des 12. Jahrhunderts schreibt ein Mönch aus Winchester folgendes über London, das sicher auch für Paris, Brügge oder Bologna gilt:

»Die Zahl der Schmarotzer ist unendlich groß. Schauspieler, Narren, bartlose Knaben, Mauren, Schmeichler, schöne Jünglinge, Weichlinge, Päderasten, singende und tanzende Mädchen, Quacksalber, Bauchtänzerinnen, Hexen, Erpresser, Nachtschwärmer, Zauberer, Pantomimen, Bettler, Possenreißer ... wenn du nicht mit Bösewichtern zusammenwohnen möchtest, solltest du nicht in London leben.«[140]

Was passiert nun in den mächtigen Städten Europas am Ende des Mittelalters? Hungersnöte breiten sich aus. Der sogenannte Hundertjährige Krieg, ein Konflikt, in dem sich im Grunde zum ersten Mal zwei Nationen gegenüberstehen, richtet von 1377 bis 1453 dauerhafte Verwüstungen an. Und vor allem dezimiert die plötzliche Epidemie der Schwarzen Pest im 14. Jahrhundert die abendländische Bevölkerung etwa um ein Drittel! Den Widerhall davon spürt man in Boccaccios *Decamerone*, worin privilegierte junge Männer und Frauen aus der Stadt fliehen, um sich aufs Land zurückzuziehen und sich dem Vergnügen hinzugeben.

Das große Sterben führt zu einem furchtbaren Stillstand, wie Georges Duby sagt, es ist »einer der einschneidendsten Wendepunkte der Geschichte unserer Zivilisation«, von dem die Überlebenden wie betäubt sind.[141] Unter diesem Schock weichen das Lachen und der verliebte Überschwang dem Morbiden. Die bildenden Künste und die Dichtung am Ausgang des Mittelalters stehen im Zeichen des Totentanzes: Ein fratzenhaftes Skelett geleitet damals die Welt, die Reichen und die Mächtigen, die einfachen Leute und die Bauern, bis in die Tiefe des Grabes.

Lassen wir den Dichter Jean Molinet (1435–1507) zu Wort kommen:

Die Welt ist alt; voller Krankheit
Und Schwere
Sie stellt sich an den Pranger, sie tanzt in der Luft …
Ihr Untergang naht, man sieht die Zeichen …
Denn wir sind, in wohlverstandenem Fall
Das Überbleibsel jener verlorenen Welt
Traurig und verloren, unter dem Eis einer Nacht

Diese Welt wird wiederhergestellt werden, aber auf andere Weise: zugleich reicher (die Bevölkerungszunahme ist deutlich gestoppt) und ärmer, da sie weit mehr von Furcht und Vernunft geprägt ist als zuvor.

Im selben Zusammenhang steht, daß das wohlhabende Bürgertum die kulturellen Hervorbringungen des Adels nachahmt und sich aneignet, indem es sich für höfische Romane begeistert und mit nie zuvor gesehener Raffinesse verzierte Handschriften sowie glanzvolle Bilder in Auftrag gibt, in denen bezeichnenderweise die Kunst des Trompe l'œil entsteht.[142] Dagegen vergnügt sich der bei Geldverleihern und Bankiers hoch verschuldete Adel mit freizügigen Volksmärchen, die sich bei Boccaccio oder Chaucer finden, verkleidet sich als wilder Mann[143] und findet Gefallen an der bildlichen Darstellung von Sprichwörtern und bäuerlichen Karnevalsfesten. Somit paßt sich eine verstädterte und neureiche Schicht des Volkes in kultureller Hinsicht soweit an, daß sie die äußeren Zeichen des Adels nachäffen will, während die alte Volkstradition bald nur noch auf ein lächerliches folkloristisches Vergnügen reduziert ist.

Auch das ist ein Grund dafür, daß die Randgruppen, die Irren, die Possenreißer, die fahrenden Sänger, die Prostituierten und vor allem die Armen, mehr und mehr in Einrichtungen, Irrenanstalten und Armenhäuser zurückgedrängt werden, die extra zu diesem Zweck erdacht wurden und außerhalb des gesellschaftlichen Raumes stehen.

Die Prostitution wurde während des gesamten Mittelalters toleriert. Nur der äußerst fromme Ludwig der Heilige (Ludwig IX. von Frankreich) hatte eine Zeitlang die Gebiete, in denen die Huren tätig waren, begrenzt. Die Irren lebten in der Stadt oder in den Dörfern: Ihre Verschiedenheit sah man als Anzeichen einer Besessenheit durch den Teufel an, aber auch als Zeichen Gottes (da die Weisheit Gottes der Heiligen Schrift zufolge von den Menschen zuweilen

»Die Erbsünde« | Holzschnitt von Hans Baldung, genannt Grien (1485/1486–1545)

als Wahnsinn wahrgenommen wird). Die Armen waren Teil einer ökonomischen Moral: Ihnen ein Almosen zu geben bedeutete, die Verfehlungen des Gebers wiedergutzumachen. Die obdachlosen Landstreicher ähnelten nach der Vorstellung der Zeit den Pilgern, die Europa durchzogen. Diese Aufwertung der Armut und des Wanderlebens erreichte ihren Höhepunkt mit der Regel, die Giovanni di Bernadone, genannt Franziskus von

Assisi, 1223 den Minderbrüdern seines Bettelordens gab: »Die Brüder dürfen nichts besitzen, weder Haus noch Grund noch irgend etwas anderes. Wie Pilger und Fremde in dieser Welt, als Diener Gottes in Armut und Demut, werden sie vertrauensvoll und ohne Zorn ihre Nahrung suchen, denn der Herr hat für uns in dieser Welt als Armer gelebt.«[144] So wurden die ersten Zigeuner wie fremde Fürsten aufgenommen.

Die Bewegung der »großen Gefangenschaft«, wie es Michel Foucault genannt hat[145], die am Ende des Mittelalters in Angriff genommen wurde, setzte sich in der Neuzeit unaufhörlich fort und erreicht heute ihren Höhepunkt, wenn die Toten sogar außerhalb des städtischen Raumes beerdigt werden, in jenen Randgebieten, in denen mehr und mehr die großen Krankenhauskomplexe, die Schlafstädte und die Universitäten liegen.

Alles, was nicht direkt zur Arbeitswelt gehörte, dem entscheidenden Wert des Bürgertums, das sich im ausgehenden Mittelalter erfolgreich durchgesetzt hatte, wurde zunehmend ins Visier genommen, überwacht, weggeschlossen, ausgegrenzt. Die vielfältigen Randgruppen, die das Schillern der mittelalterlichen Städte ausmachten, wurden vom 12. Jahrhundert an in begrenzte Zonen verbannt, bevor sie an den Rand der städtischen Ballungsgebiete verstoßen wurden.

Im eigentlichen Mittelalter wird niemand auf diese Weise ausgeschlossen, nur in einem Fall, dem der Leprakranken, die als schändlich betrachtet und aus den Städten hinausgeworfen werden. Eine ständige Ächtung, die nicht mit den vereinzelt vorkommenden Verfolgungen der Juden oder der Lombarden, der Wucherer, zu vergleichen ist.

In einer Zeit, in der die Ausschlußmechanismen stark zunehmen und die Marktwirtschaft Vollbeschäftigung nicht mehr garantieren kann, verdient die Integrationsfähigkeit der mittelalterlichen Gesellschaft Beachtung. Das, was über die fruchtbare Ambivalenz des Mittelalters im Bereich der Erotik gesagt wurde, gilt sicher auch im Hinblick auf Politik, Wirtschaft und Gesellschaft. Neben der zentralisierten Entscheidungsgewalt und der Allmacht der Ökonomie sollten wir heute weitere Lösungen ausfindig machen, die es ermöglichen, den beengenden Rahmen einer einzigen Denkweise aufzubrechen.

[1] Das phantastische Mittelalter, Frankfurt a. M. / Berlin / Wien 1985, S. 14.

[2] Die Historikerin Régine Pernoud stellt die herkömmlichen Vorstellungen in ihrem Buch Überflüssiges Mittelalter?, München 1979, in Frage. Im Bereich der Philosophie zeigt Alain de Libera, wie sehr das so oft verkannte mittelalterliche Denken zutiefst eigenständig ist und zum Teil zeitgenössische Überlegungen vorwegnimmt. Vgl. seinen Essay Penser au Moyen Âge, Paris 1991. Auch die Romane und die philosophischen Werke von Umberto Eco tragen zu einer neuen Sichtweise bei. Vgl. Der Name der Rose, 22. Aufl., München 1998, oder Kunst und Schönheit im Mittelalter, München / Wien 1991.
In L'enfance au Moyen Âge, Paris 1984, widerlegen Jacques Riché und Danièle Alexandre-Bidon die Theorie, nach der das Kind in der mittelalterlichen Weltsicht keinen Platz hatte, eine Theorie, die durch den Klassiker von Philippe Ariès, Geschichte der Kindheit, 12. Aufl., 1996, verbreitet wurde.
Was den jüngsten Erfolg der zahlreichen Kompositionen des Mittelalters angeht (zum Beispiel derjengen von Hildegard von Bingen), so zeugt er von der Wiederentdeckung dieser Musik durch Interpreten, Hörer, aber auch durch zeitgenössische Komponisten (unter anderem Arvo Pärt und Górecki).

[3] Es gibt mindestens ein Gedicht eines weiblichen Troubadours, das so verstanden werden kann, daß es die lesbische Liebe besingt (*Na Maria, pritz e fina valors* von Na Beiris de Romans).

[4] Das Gastmahl oder Von der Liebe, Stuttgart 2001, S. 43.

[5] München 1979.

[6] Das Gastmahl, S. 74.

[7] Ebd., S. 75f.

[8] Ebd., S. 80.

[9] Ovid, Ars amatoria, Liebeskunst, Stuttgart 2000, S. 7.

[10] Von der Verführung, München 1992.

[11] Ovid, Liebeskunst, S. 69.

[12] Dieser Ausdruck stammt von Jacques Le Goff, der in einem bekannten Aufsatz den Zusammenhang zwischen Körper und Sünde beschreibt, die sich im Christentum durchgesetzt hat (in: Phantasie und Realität des Mittelalters, Stuttgart 1990, S. 156–168. Wir werden darauf noch zurückkommen.

[13] Die folgenden Zitate stammen aus den zweisprachigen Anthologien (mittelalterliches Okzitanisch –

heutiges Französisch) von Pierre Bec, Anthologie des troubadours, Paris 1978, und vor allem von Gérard Zuchetto, Terre des troubadours, Paris 1996.

[14] Am Ende des Buchs findet sich der Versuch einer kommentierten Auswahldiskographie.

[15] Histoire musicale du Moyen Âge, Paris 1984, S. 247.

[16] Vgl. Herbst des Mittelalters, Stuttgart 1975, S. 169–173.

[17] Historia ecclesiastica X 21, in: Zuchetto, Terre des troubadours, S. 50.

[18] L'érotique des troubadours, Toulouse 1969, Neuaufl. 1997.

[19] Chailley, Histoire musicale du Moyen Âge, S. 99, Anm. 5. Das Argument wird wieder aufgegriffen von Lucien Rebatet, Une histoire de la musique, Paris 1988, S. 59; dann von Albert Seay, Music in the medieval world, Englewood Cliffs, N. J. 1975, besonders im Kapitel Troubadours and Trouvères, S. 63–67.

[20] Chailley, Histoire musicale du Moyen Âge, S. 100, Anm. 4.

[21] Vgl. S. 8 des Begleithefts der CD Speculum Amoris, 1993 (siehe Auswahldiskographie).

[22] Chailley, Histoire musicale du Moyen Âge, S. 101.

[23] Und was die Form betrifft, übernehmen zahlreiche *cansos* der Troubadoure und später Balladen und Rondeaus der Trouvères jene des *zéjel* oder *zadjal*, das für die arabisch-andalusische Lyrik typisch ist. Diese Struktur ist seit Wilhelm von Aquitanien nachgewiesen (Strophen mit dem Reimschema a a a (a) B (B)).

[24] Vgl. S. 19 des Begleithefts der CD Troubadours, trouvères, minstrels, 1995 (siehe Auswahldiskographie).

[25] Ezra Pound, The spirit of romance, London 1960, S. 13.

[26] Dante Alighieri, Über das Dichten in der Muttersprache, Darmstadt 1966, S. 32.

[27] Auszug aus einem *partimen*, einer improvisierten Debatte, zwischen Savaric de Mauléon, Gaucelm Faidit und Uc de la Bacalaria, Ende 12. / Anfang 13. Jahrhundert.

[28] Übersetzt von Pierre Bec, Anthologie des troubadours, S. 349.

[29] Andreas Capellanus, Traité de l'amour courtois (Traktat über die höfische Liebe, eine Übersetzung aus dem Lateinischen ins Französische), Paris 1974, S. 49 u. 165.

[30] »Bald werden wir es versuchen, denn ich werde mich Eurer Gnade unterwerfen. Ihr habt mir geschworen, daß Ihr nicht von mir verlangen werdet zu scheitern.« (*Ar em al freg temps vengut*, Azalaïs de Porcairagues, 1170–1175), in: Pierre Bec, Chants d'amour des femmes-troubadours, Paris 1995, S. 69.

[31] Charles Seignobos, in: Jean-Jacques Pauvert, Anthologie historique des lectures érotiques, Bd. 1, Paris 1995, S. 335.

[32] Denis de Rougemont, Die Liebe und das Abendland, Köln / Berlin 1966, S. 99: »Und wenn man sich weigert, die Häresie der Katharer und die höfische Liebe eine mit Hilfe der anderen und mit Hilfe der gleichen Geistesbewegung zu verstehen, heißt das nicht, daß man sich auch weigert, beide Erscheinungen auch in ihrer Vereinzelung zu verstehen?«

[33] Régine Pernoud, La Femme au temps des cathédrales, Paris 1995, S. 122f.

[34] Pound, The spirit of romance, S. 90.

[35] Nelli, L'érotique des troubadours, S. 61.

[36] Von der Liebe und den Liebenden, Frankfurt a. M. / Leipzig 1995, S. 14.

[37] Nelli verweist dazu auf die griechischen Helden der Odyssee (Achilles und Patrokles) oder auf Ciceros *De amicitia*, eine im mittelalterlichen Westen hoch geschätzte Abhandlung. Der Autor spricht auch von keltischen und barbarischen »Kampfesbrüdern«: Wir wollen uns nicht über die Germanen äußern, ein Thema, das wir nicht gut genug kennen, aber das, was wir über die keltische Gesellschaft wissen, stützt diese Aussage nicht. Was den Traktat *Von der Liebe und den Liebenden* von Ibn Hazm betrifft, ist offensichtlich, daß es ihm gleichgültig ist, ob »der Geliebte« männlich oder weiblich ist.

[38] Georges Duby, À propos de l'amour que l'on dit courtois, in: ders., Féodalité, Paris 1996, S. 1420.

[39] Anthologie historique des littératures erotiques, S. 339.

[40] Paris 1995. Vgl. auch das Kapitel Trobairitz in: Zuchetto, Terre des troubadours, S. 191–206, sowie die CD Cansos de trobairitz, 1996 (siehe Auswahldiskographie).

[41] *Ab la doussor del temps novel*, in: Zuchetto, Terre des troubadours, S. 53.

[42] Vgl. *Amour a engagé querelle* (Amor hat einen Streit angefangen) und *D'Amour, qui m'a enlevé à moi-même* (Von Amor, der mich mir selbst geraubt hat), in: Chrétien de Troyes, Œuvres complètes, Paris 1994, S. 1037–1049.

[43] Georges Duby, Héloïse, Isolde und andere, Frankfurt a. M. 1997, S. 120.

[44] Andreas Capellanus, Traité de l'amour courtois, S. 97.

[45] Ebd., S. 127.

[46] Ebd., S. 48.

[47] Ebd., S. 106.

[48] Ebd., S. 125.

[49] Ebd., S. 129.

[50] Ebd., S. 186.

[51] Ebd., S. 128.

[52] Le chevalier, la femme et le prêtre, in: Féodalité, S. 1325f.

[53] Von der Liebe und den Liebenden, S. 10.

[54] Traité de l'amour courtois, S. 45.

[55] Nelli, L'érotique des troubadours, S. 250.

[56] Penser au Moyen Âge, S. 195.

[57] Vgl. Le contexte politique, in: Jean Markale, Le roi Arthur et la société celtique, Paris 1989, S. 97–147.

[58] Guigemar, in: Marie de France, Novellen und Fabeln, Zürich 1977, S. 16.

[59] Lai de Graelent, in: Le cœur mangé, Paris 1994, S. 27f.

[60] Ebd., S. 28.

[61] Ebd., S. 36.

[62] Ebd., S. 32.

[63] Zu den rechtlichen, religiösen und sogar militärischen Befugnissen der keltischen Frau und die mythische weibliche Herrschaftsgewalt in Irland vgl. Markale, Le roi Arthur et la société celtique, S. 372f., sowie Françoise Le Roux / Christian-J. Guyonvarc'h, La civilisation celtique, Rennes 1990, S. 76–78. Nach Régine Pernoud, La Femme au temps des cathédrales, wurden im Zeitalter der Lehnsherrschaft diese Rechte gewissermaßen wiederhergestellt, eine Sichtweise, die etwa Georges Duby und Pierre Bec bestreiten. Die Quellen zeugen jedenfalls von der Frau als Rechtsperson, im Unterschied zur absoluten Macht des Familienvaters, die dem römischen und dem »modernen« Recht eigen ist. Man mußte bis zum 20. Jahrhundert warten, um sich die Dinge erneut wandeln zu sehen. Es sei daran erinnert, daß das Frauenwahlrecht in den westlichen Demokratien eine jüngere Errungenschaft ist und daß die Lohngesetzgebung immer noch in vielen Punkten diskriminierend bleibt.

[64] Nachwort zu Le cœur mangé, S. 330.

[65] Tristan et Yseut, Paris 1976, S. 1.

[66] Der Roman von Tristan und Isolde, Leipzig 1920, S. 1.

[67] De Rougemont, Die Liebe und das Abendland, S. 73.

[68] Ebd., S. 50.

[69] Er gibt in De amore eine »bretonische« Legende über Regeln der Liebe wieder (vgl. Traité de l'amour courtois, S. 176–183).

[70] Lancelot ou le Chevalier de la Charrette, nach der neufranzösischen Übersetzung von D. Poirion, in: Chrétien de Troyes, Œuvres complètes, S. 622.

[71] Nach der neufranzösischen Übersetzung von Ph. Walter, in: ebd., S. 336.

[72] Eine weitere in dieser Hinsicht bezeichnende Stelle findet sich in Chrétiens Roman Érec et Énide: »Dann stieg der Graf vom Pferd und fragte sie nach dem Ritter und ob sie seine Frau oder seine Freundin sei. ›Das eine wie das andere, Herr‹, antwortete sie.« (Érec et Énide, Erec und Enide, Stuttgart 2000, S. 263.)

[73] Héloïse, Isolde und andere, S. 170.

[74] Vgl. Jeanne Bourin, La rose et la Mandragore, Paris 1990, S. 50ff.

[75] Guillaume de Lorris / Jean de

Meun, Der Rosenroman, 3 Bde., München 1976–1979, Bd. 1, S. 239.

[76] Ebd., Bd. 1, S. 113.

[77] Ebd., Bd. 1, S. 133 u. 135.

[78] Huizinga, Herbst des Mittelalters, S. 1f.

[79] Odile Blanc, Parades et parures, Paris 1992, S. 123.

[80] Der Rosenroman, Bd. 1, S. 179.

[81] Brief an König Philipp IV., genannt der Schöne, zit. in: Guillaume de Lorris / Jean de Meun, Le Roman de la Rose, hrsg. und übersetzt v. Armand Strubel, Paris 1992, S. 20.

[82] Der Rosenroman, Bd. 3, S. 1137.

[83] Ebd., Bd. 3, S. 1151.

[84] Vgl. das Kapitel Die Stilisierung der Liebe, in: Herbst des Mittelalters, S. 147–165.

[85] Vgl. La Femme au temps des cathédrales, S. 261ff.

[86] Eine Aussage, die typisch für die höfische Strömung ist: Die Muße und die nötigen Mittel sind Voraussetzung für die Liebe, die daher allein dem Adel vorbehalten ist. Andreas Capellanus und Guillaume de Lorris hatten ebenfalls auf diesem Punkt bestanden. Im absoluten Widerspruch dazu erklären die höfischen Autoren zugleich, daß zwischen echten Liebenden nur der Adel des Herzens zählt. Zweideutigkeit: (Hochherziger) Adel und (anziehende) Niedrigkeit sind einmal soziale Kategorien, einmal moralische Qualitäten.

[87] Das Buch von der Stadt der Frauen, Berlin 1986, S. 227f.

[88] Diese Zitate sind zu finden in dem Aufsatz von Jacques Le Goff, Die Ablehnung der Lust, in: Phantasie und Realität des Mittelalters, S. 157f.

[89] Augustinus, Bekenntnisse VIII, v, 12.

[90] Le Goff, Phantasie und Realität des Mittelalters, S. 165.

[91] Traité de l'amour courtois, S. 162.

[92] Vgl. Régine Pernoud, Hildegard von Bingen, Freiburg i. Br. / Basel / Wien 1996.

[93] An Maria, in: Lieder, Salzburg 1969, S. 223 u. 225.

[94] Extases féminines, Paris 1991, S. 36–39.

[95] Liber Vitae Meritorum II, 38, zit. in: Heinrich Schipperges, Hildegard von Bingen, München 1995, S. 25.

[96] Das Hohelied VIII, 6; Ausgabe Wittlich 1937/1938, 1. Buch, S. 53f.

[97] Das Hohelied Salomos, Salzburg / Wien 1996, S. 15.

[98] Causae et curae 65, zit. in: Schipperges, Hildegard von Bingen, S. 12f.

[99] Vorwort zu Scivias (Wisse die Wege), zit. in: Pernoud, Hildegard von Bingen, S. 19.

[100] Extases féminines, S. 10.

[101] Ebd., S. 23.

[102] Raoul Vaneigem hat deren Philosophie folgendermaßen zusammengefaßt: »Es reicht aus, die Offenbarung der göttlichen Gegenwart in

sich und in allen Dingen zu haben, um frei zu sein, nach seinen Wünschen und ohne Sünde zu handeln. Die Kirche, die Sakramente, die Buße sind also überflüssig.« (Les hérésies, Paris 1994, S. 88.)

[103] Der Spiegel der einfachen Seelen, Zürich / München 1987, S. 164.

[104] In: Femmes mystiques, époque médiévale, anthologie établie et présentée par Thierry Gosset, Paris 1995, S. 54.

[105] Der Spiegel der einfachen Seelen, S. 102f.

[106] Ebd., S. 17.

[107] Liber de vera fidelium experientia, zit. in: Vuarnet, Extases féminines, S. 96.

[108] 2. Vorwort zum Liber de vera fidelium experientia, zit. in: ebd., S. 97.

[109] Extases féminines, S. 111.

[110] Die Philosophie Thomas' von Aquin, die kühn geistige Tätigkeit und Sinneswahrnehmung miteinander versöhnt, stellt Seele und Körper in der menschlichen Suche nach dem Göttlichen nebeneinander. Auf einige seiner Sätze bezieht sich 1277 der Bischof von Paris, Étienne Tempier, aber die schnelle Heiligsprechung des italienischen Theologen (1323) schützt sein Denken vor Verurteilung.

[111] Jean Bodel, Gombert et les deux clercs, in: Fabliaux érotiques, Paris 1992, S. 133.

[112] Garin, Le prêtre voyeur, in: ebd., S. 161.

[113] Douin de Lavesne, Trubert, in: ebd., S. 501.

[114] In ähnlicher Weise steht der Anblick der Handlungen, Feste oder Sprichwörter des Volkes mehr und mehr im Mittelpunkt der Gemälde (eine Entwicklung, die mit Brueghel im 16. Jahrhundert ihren Höhepunkt erreicht), während er bis dahin an die Ränder der bildlichen Darstellung verbannt war. In den *Très riches heures du duc de Berry*, einem Stundenbuch des Herzogs von Berry, das von den Brüdern Jean und Pol de Limbourg illustriert wurde (um 1413–1416), sind die Bauern noch unterhalb mächtiger Lehnsburgen zu sehen.

[115] »Man könnte dann befürchten, daß sie trotz ihrer angeborenen Veranlagung das Bestellen der ertragreichen Böden aufgeben, die gewöhnlich dank ihrer Anstrengungen Früchte tragen.« (Traité de l'amour courtois, S. 148.)

[116] Gautier Le Leu, Le prestre taint.

[117] R. Howard Bloch, Nachwort zu Fabliaux érotiques, S. 538.

[118] Régine Pernoud stellt zu Recht angesichts der Skulpturen, Siegel und Miniaturen fest: »Während die klassische Kunst die Körper im Stillstand präsentiert und sie selbst detailliert dargestellt werden, zählen im Feudalzeitalter die Geste und die Bewegung.« (La Femme au temps des cathédrales, S. 104).

[119] La fête de l'âne, Clemencic Consort, unter der Leitung von R. Clemencic, CD Harmonia Mundi, 1980.

[120] Art profane et religion populaire au Moyen Âge, Paris 1985, S. 16.

[121] Michael Camille, Image on the edge, London 1992.

[122] Jacques Le Goff, Melusine – Mutter und Urbarmacherin, in: ders., Für ein anderes Mittelalter, Frankfurt a. M. / Berlin / Wien 1984, S. 173, Anm. 38.

[123] La chanson du chevalier au cygne (Das Lied vom Schwanenritter), zit. in: Gaignebet / Lajoux, Art profane et religion populaire au Moyen Âge, S. 122.

[124] Vgl. Robert Bly, Eisenhans, München 1993.

[125] Vgl. Clarissa Pinkola Estès, Die Wolfsfrau, München 1999.

[126] Zit. in: Eco, Kunst und Schönheit im Mittelalter, S. 21f.

[127] Zit. in: Camille, Image on the edge, S. 17.

[128] Janetta Rebold Benton, Holy terrors, New York 1997, S. 39.

[129] Eco, Kunst und Schönheit im Mittelalter, S. 22.

[130] Golias wird in verschiedenen Fabliaux genannt, wobei er mal als König erwähnt wird (in *Trubert*), dessen Mund einer Vulva ähnelt, und mal als das weibliche Geschlechtsorgan (in *Die Witwe* von Gautier le Leu: »Euer Golias steht zu oft offen. Ich kann ihn nicht befriedigen.«)

Vom Maul zur Fotze – die Bedeutungsverschiebung ist offensichtlich: Es geht immer um Appetit.

[131] Wir ziehen der modernistischen Fassung von Carl Orff (1937) die riskante, aber lebendige Rekonstruktion vor, die von René Clemencic dirigiert wird (Harmonia Mundi 1975, 1976, 1978, Neuausgabe auf CD 1990).

[132] Carmina Burana, Frankfurt a. M. 1987, S. 181.

[133] Ebd., S. 247.

[134] Ebd., S. 289 u. 291.

[135] Ebd., S. 297.

[136] Rabelais und seine Welt, Frankfurt a. M. 1995.

[137] Vgl. Le Roux / Guyonvarc'h, La Civilisation celtique, S. 67 f.

Es sei hinzugefügt, daß es seit vorgeschichtlicher Zeit eine Arbeitsteilung gibt, die der Geschlechterteilung entspricht: Auch wenn es bei den ersten Menschen, die vom Jagen und Sammeln lebten, vorkommt, daß die Männer sammeln und die Frauen an der Jagd teilnehmen, so vergießen doch die Frauen niemals Blut. Nach der Erfindung der Landwirtschaft (um 9000 v. Chr.) werden die ersten mesopotamischen Kulturen (etwa 5000 v. Chr.) als Stadtstaaten mit König oder Königin und religiösen Kulten eingerichtet. Der derzeitige Kenntnisstand über die Entwicklung der Menschheit stützt die marxistische Sichtweise einer ursprünglich ungeteilten Gesellschaft nicht.

[138] Eco, Kunst und Schönheit im Mittelalter, S. 13.

[139] Eine grundlegende Feststellung für denjenigen, der die mittelalterliche Kultur in ihrer Originalität begreifen will. So unterschiedliche Autoren wie Huizinga, Bachtin oder Eco haben jeweils auf ihre Weise dieses Merkmal hervorgehoben. Michael Camille hat es in die vollendetste Formulierung gefaßt und nähert sie nach Eco der postmodernen Strömung an, die sich nicht scheut, »Betty Boop, die Figur eines Zeichentrickfilms der dreißiger Jahre, und die Werke Constantin Brancusis (...) im selben Rahmen« nebeneinander existieren zu lassen (Image on the edge, S. 55).

[140] Zit. in: Camille, Image on the edge, S. 152.

[141] Europa im Mittelalter, Stuttgart 1986, S. 189.

[142] Vgl. zum Beispiel Manuscrits à peinture en Flandre 1475–1550, hrsg. v. Maurits Sneyers und Jan van der Stock, Gent 1997, oder Dirk De Vos, Hans Memling, Stuttgart 1994.

[143] Eine Maskerade mit tragischem Ausgang war das Maskenfest Karls VI., König von Frankreich, und seiner Begleiter, die als wilde Männer verkleidet waren, mit dem Namen »Bal des ardents« (Ball der Brennenden). Das Feuer setzte ihren Aufputz aus Flachshaar in Brand, und mehrere von ihnen starben (1393).

[144] Zit. in: Alain de Libera, La philosophie médiévale, Paris 1993, S. 356.

[145] Wahnsinn und Gesellschaft, Frankfurt a. M. 1973. Foucault sieht im Verschwinden der Lepra im Abendland im 15. Jahrhundert und der notwendig gewordenen Umwandlung der gewaltigen Infrastruktur der Lepraheime den Auslöser für die Bewegung des Wegschließens der Randgruppen.

1. ANTIKE UND MITTELALTERLICHE AUTOREN

ANDREAS CAPELLANUS: *Traité de l'amour courtois. Trad., introd. et notes par Claude Buridant. Paris 1974.*

BEC, PIERRE: *Anthologie des troubadours. Textes choisis, présentés et traduits par Pierre Bec. Éd. bilingue. Paris 1978.*

BEC, PIERRE: *Chants d'amour des femmes-troubadours. Trobairitz et »chansons de femme«. Paris 1995.*

BÉDIER, JOSEPH: *Der Roman von Tristan und Isolde. Leipzig 1920.*

BERNHARD VON CLAIRVAUX: *Das Hohelied. 86 Ansprachen über die beiden ersten Kapitel des Hohenliedes Salomons. 2 Bücher. Wittlich 1937/1938.*

BOCCACCIO, GIOVANNI: *Das Dekameron. 20. Aufl. München 1991.*

CARMINA BURANA. *Texte und Übersetzungen. Mit den Miniaturen aus der Handschrift u. einem Aufsatz v. Peter u. Dorothee Diemer. Hrsg. v. Benedikt Konrad Vollmann. Frankfurt a. M. 1987.*

CHAUCER, GEOFFREY: *Die Canterbury-Erzählungen. Aus dem Engl. übertragen u. hrsg. v. Martin Lehnert. 2. Aufl. Frankfurt a. M. / Leipzig 1995.*

CHRÉTIEN DE TROYES: *Œuvres complètes. Sous la direction de Daniel Poirion. Paris 1994.*

CHRÉTIEN DE TROYES: *Erec et Enide. Erec und Enide. Altfranzösisch / deutsch. Übersetzt u. hrsg. v. Albert Gier. Stuttgart 2000.*

CHRISTINE DE PIZAN: *Das Buch von der Stadt der Frauen. Aus dem Mittelfranzösischen übersetzt, mit einem Kommentar u. einer Einleitung versehen v. Margarete Zimmermann. Berlin 1986.*

LE COEUR MANGÉ. *Récits érotiques et courtois des XIIe et XIIIe siècles. Transcrit en français moderne par Danielle Régnier-Bohler. Paris 1994.*

DANTE ALIGHIERI: *Über das Dichten in der Muttersprache. Unveränd. reprografischer Nachdruck der Ausgabe Darmstadt 1925. Darmstadt 1966.*

DANTE ALIGHIERI: *Die Göttliche Komödie. Übersetzt u. kommentiert v. Hermann Gmelin. 6 Bde. München 1988.*

MEISTER ECKHART: *Die deutschen und lateinischen Werke. Die deutschen Werke. Hrsg. u. übersetzt v. Josef Quint. 5 Bde. Stuttgart 1958-1976. Die lateinischen Werke. Hrsg. v. Loris Sturlese. 5 Bde. Stuttgart 1956-1994.*

FABLIAUX ÉROTIQUES. *Textes de jongleurs des XIIe et XIIIe siècles. Ed. crit., trad., introd. et notes par Luciano Rossi avec la coll. de R. Straub. Paris 1992.*

FARCES DU MOYEN ÂGE. *Textes choisis et transcrits en français moderne par André Tissier. Paris 1984.*

FEMMES MYSTIQUES. *Époque médiévale. Anthologie établie et présentée par Thierry Gosset. Paris 1995.*

HILDEGARD VON BINGEN: *Lieder. Nach den Handschriften hrsg. v. Pudentiana Barth / Immaculata Ritscher u. Joseph Schmidt-Görg. Salzburg 1969.*

DAS HOHELIED SALOMOS. *Übersetzt, transkribiert u. kommentiert v. Klaus Reichert. Salzburg / Wien 1996.*

IBN HAZM AL ANDALUSI: *Von der Liebe und den Liebenden. Aus dem arabischen Urtext übertragen v. Max Weißweiler. Frankfurt a. M. / Leipzig 1995.*

LA LETTRE D'AMOUR AU MOYEN ÂGE. *Textes trad. et présentés par Etienne Wolff. Paris 1996.*

GUILLAUME DE LORRIS / JEAN DE MEUN: *Der Rosenroman. Übersetzt u. eingeleitet v. Karl August Ott. 3 Bde. München 1976-1979.*

LOUIS, RENÉ: *Tristan et Iseult. Renouv. en français moderne d'après les textes des 12e et 13e siècles. Paris 1976.*

MARIE DE FRANCE: *Novellen und Fabeln. Aus dem Altfranzösischen übersetzt v. Ruth Schirmer. Auswahl u. Nachwort v. Kurt Ringger. Zürich 1977.*

LE MIROIR DU FOUTRE. *Trad. du catalan par P. Gifreu. Perpignan 1995.*

IL NOVELLINO. *Das Buch der hundert alten Novellen. Italienisch / deutsch. Übersetzt u. hrsg. v. János Riesz. Stuttgart 1988.*

OVIDIUS NASO, PUBLIUS: *Ars amatoria. Liebeskunst. Lateinisch / deutsch. Übersetzt u. hrsg. v. Michael von Albrecht. Stuttgart 2000.*

PAROLES DE TROUBADOURS. *Textes présentés et recueillis par Jean-Claude Marol. Paris 1998. ,*

PAUVERT, JEAN-JACQUES (HRSG.): *Anthologie historique des lectures érotiques. Band 1: De Gilgamesh à Saint-Just. De -2000 à 1790. Paris 1995.*

PETRARCA, FRANCESCO: *Das lyrische Werk. Italienisch und deutsch. Hrsg. u. mit einem Nachwort versehen v. Hans Grote. Düsseldorf / Zürich 2002.*

PLATON: *Das Gastmahl oder Von der Liebe. Übertragen u. eingeleitet v. Kurt Hildebrandt. Stuttgart 2001.*

POÈMES D'AMOUR DES XIIe ET XIIIe SIÈCLES. *Textes suivis d'exemples musicaux présentés et traduits par Emmanuèle Baumgartner et Françoise Ferrand. Èd. bilingue. Paris 1983.*

POÉSIE D'AMOUR DU MOYEN ÂGE ALLEMAND. *Introd. et trad. établies par Danielle Buschinger, M.-R. Diot, Wolfgang Spiewok. Éd. bilingue. Paris 1993.*

PORETE, MARGARETA: *Der Spiegel der einfachen Seelen. Wege der Frauenmystik. Aus dem Altfranzösischen übertragen u. mit einem Nachwort u. Anmerkungen versehen v. Louise Gnädinger. Zürich / München 1987.*

LE ROMAN DE RENART. *Transcription par Ph. Van Tieghem et Maurice Toesca. Paris 1962.*

THÉOLOGIENS ET MYSTIQUES AU MOYEN ÂGE. *Ed. et. trad. d'Alain Michel. Paris 1997.*

DIE TRÈS RICHES HEURES DES JEAN DUC DE BERRY *im Musée Condé Chantilly. Vorwort v. Millard Meiss. Einführung u. Bilderlegenden v. Jean Longnon u. Raymond Cazelles. München 1989.*

TRISTAN ET ISEUT. *Les poèmes français − La saga norroise. Textes orig. et intégraux présentés, trad. et commentés par Daniel Lacroix et Ph. Walter. Paris 1992.*

ZUCHETTO, GÉRARD: *Terre des troubadours. XIIe−XIIIe siécles. Anthologie commentée. Paris 1996 (Buch und CD).*

2. MODERNE UND ZEITGENÖSSISCHE AUTOREN

AFANASJEW, ALEKSANDR N. (HG.): *Erotische Märchen aus Russland. Hrsg. u. übersetzt v. Adrian Baar. Frankfurt a. M. 1977.*

ARIÈS, PHILIPPE: *Geschichte der Kindheit. Mit einem Vorwort v. Hartmut von Hentig. 12. Aufl. München 1996.*

BACHTIN, MICHAIL: *Rabelais und seine Welt. Volkskultur als Gegenkultur. Hrsg., mit einem Vorwort versehen v. Renate Lachmann. Frankfurt a. M. 1995.*

BALTRUSAITIS, JURGIS: *Das phantastische Mittelalter. Antike und exotische Elemente der Kunst der Gotik. Frankfurt a. M. / Berlin / Wien 1985.*

BAUDRILLARD, JEAN: *Von der Verführung. Mit einem Essay von László F. Földényi. München 1992.*

BENTON, JANETTA REBOLD: *Holy terrors. Gargoyles on medieval buildings.* New York 1997.

BLANC, ODILE: *Parades et parures. L'invention du corps de mode à la fin du Moyen Âge.* Paris 1992.

BLY, ROBERT: *Eisenhans. Ein Buch über Männer.* München 1993.

BOURIN, JEANNE: *La rose et la mandragore. Plantes et jardins médiévaux.* Paris 1990.

BRUCKNER, PASCAL / FINKIELKRAUT, ALAIN: *Die neue Liebesunordnung.* München 1979.

CAMILLE, MICHAEL: *Image on the edge. The margins of medieval art.* London 1992.

CAZENAVE, MICHEL / POIRION, D. / STRUBEL, A. / ZINK, M.: *L'art d'aimer au Moyen Âge.* Paris 1997.

CHAILLEY, JACQUES: *Histoire musicale du Moyen Âge. 3. Aufl.* Paris 1984.

DE VOS, DIRK: *Hans Memling. Das Gesamtwerk.* Stuttgart 1994.

DUBY, GEORGES: *Europa im Mittelalter.* Stuttgart 1986.

DUBY, GEORGES: *Féodalité.* Paris 1996.

DUBY, GEORGES: *Héloïse, Isolde und andere. Frauen im 12. Jahrhundert.* Frankfurt a. M. 1997.

ECO, UMBERTO: *Kunst und Schönheit im Mittelalter.* München / Wien 1991.

ESTÉS, CLARISSA PINKOLA: *Die Wolfsfrau. Die Kraft der weiblichen Urinstinkte. 25. Aufl., 16. Aufl. der überarb. u. erw. Ausg.* München 1999.

FOUCAULT, MICHEL: *Wahnsinn und Gesellschaft. Eine Geschichte des Wahns im Zeitalter der Vernunft.* Frankfurt a. M. 1973.

GAIGNEBET, CLAUDE / LAJOUX, JEAN-DOMINIQUE: *Art profane et religion populaire au Moyen Âge.* Paris 1985.

GOUSSET, MARIE-THÉRÈSE / POIRION, DANIEL / UNTERKIRCHER, FRANZ: *Le cœur d'amour épris. Reprod. intégrale en fac-similé des miniatures du Codex Vindobonensis 2597 de la Bibliothèque Nationale de Vienne.* Paris 1981.

HUIZINGA, JOHAN: *Herbst des Mittelalters. Studien über Lebens- und Geistesformen des 14. und 15. Jahrhunderts in Frankreich und in den Niederlanden. Hrsg. v. Kurt Köster. 11. Aufl.* Stuttgart 1975.

LE GOFF, JACQUES: *Für ein anderes Mittelalter. Zeit, Arbeit und Kultur im Europa des 5.-15. Jahrhunderts.* Frankfurt a. M. / Berlin / Wien 1984.

LE GOFF, JACQUES: *Phantasie und Realität des Mittelalters.* Stuttgart 1990.

LE ROUX, FRANÇOISE / GUYONVARC'H, CHRISTIAN-J.: *La civilisation celtique. Rennes 1990.*

LIBERA, ALAIN DE: *Penser au Moyen Âge. Paris 1991.*

LIBERA, ALAIN DE: *La philosophie médiévale. Paris 1993.*

MARKALE, JEAN: *Le roi Arthur et la société celtique. Paris 1989.*

NELLI, RENÉ: *L'érotique des troubadours. Toulouse 1997.*

PERNOUD, RÉGINE: *La femme au temps des cathédrales. Paris 1995.*

PERNOUD, RÉGINE: *Hildegard von Bingen. Ihre Welt - ihr Wirken - ihre Visionen. Freiburg i. Br. / Basel / Wien 1996.*

PERNOUD, RÉGINE: *Überflüssiges Mittelalter? Plädoyer für eine verkannte Epoche. Zürich / München 1979.*

PERRAULT, CHARLES: *Sämtliche Märchen. Stuttgart 1986.*

POUND, EZRA: *The spirit of romance. London 1960.*

REBATET, LUCIEN: *Une histoire de la musique. Des origines à nos jours. Paris 1988.*

RICHÉ, JACQUES / ALEXANDRE-BIDON, DANIÈLE: *L'enfance au Moyen Âge. Paris 1984.*

ROUGEMONT, DENIS DE: *Die Liebe und das Abendland. Köln / Berlin 1966.*

SEAY, ALBERT: *Music in the medieval world. 2. Aufl. Englewood Cliffs, N. J. 1975.*

SCHIPPERGES, HEINRICH: *Hildegard von Bingen. München 1995.*

SMEYERS, MAURITS / VAN DER STOCK, JAN (HG.): *Manuscrits à peintures en Flandre 1475-1550. Gent 1997.*

VANEIGEM, RAOUL: *Les hérésies. Paris 1994.*

VAN STEENBERGHEN, FERNAND: *Histoire de la philosophie. Période chrétienne. Louvain / Paris 1973.*

VAN STEENBERGHEN, FERNAND: *La philosophie au XIIIe siècle. 2., ü.arb. Aufl. Louvain 1991.*

VUARNET, JEAN-NOËL: *Extases féminines. Paris 1991.*

Der Autor dankt Gaëtan Gellens, der das Manuskript dieses Buchs durchgesehen hat.

Beginnen wir mit den vermuteten Ursprüngen des TROBAR, *der arabisch-andalusischen Musik.*

Die reizvollste CD in dieser Hinsicht, streng und sinnlich zugleich, ist sicher die mit dem Titel MUSIQUE ARABO-ANDALOUSE *des Atrium Musicae von Madrid unter der Leitung von Gregorio Paniagua (Harmonia Mundi France, 1977). Man kann darauf die arabischen Melodien in einem breit gefächerten originalgetreuen und anregenden Repertoire hören, das eine Unzahl von Instrumenten nutzt, von der Darabukka bis zum hölzernen Kamm. Und das Fingerschnalzen und die Wasserspiele beschwören darauf auch die glanzvollen Höfe der Kultur von Al-Andalus herauf, in der der Wein und die Frauen vom Islam nicht ignoriert wurden.*

Im Bereich der zeitgenössischen Neuschöpfung dieses Repertoires begrüßen wir begeistert die CDs von Radio Tarifa, RUMBA ARGELINA, *1995, und* TEMPORAL, *1996. Traditionelle spanische Weisen, mittelalterliche Melodien, Neukompositionen, alte und elektronische Instrumente, rauhe oder sehnsüchtige Stimmen verschmelzen zu einer raffinierten Mischung: eine schöne Wiederbegegnung von Arabien und Andalusien.*

An erster Stelle der Interpreten des Repertoires der eigentlichen Troubadoure sollte man wieder und wieder den Wegbereiter dafür, das Studio der Frühen Musik, geleitet von dem Amerikaner Thomas Binkley (1931-1995), hören. Dieser, der aus Ohio stammte, gründete die berühmte Schola Cantorum Basiliensis (Basel), eine Schule, die seither zahlreiche Interpreten im Bereich der mittelalterlichen Musik hervorgebracht hat. Die Aufnahmen von 1966, 1970 und 1974, die ersten wirklich originalgetreuen Arbeiten mit der Musik der Troubadoure, Trouvères und Minnesänger, haben nichts von ihrer Frische verloren, und, was noch merkwürdiger ist, ihre Kühnheit bleibt unerreicht: Sarazenische Einflüsse, sogar Rock, durchziehen sie in jeder Richtung. Derbheit und Sinnlichkeit begegnen sich hier.

(TROUBADOURS. TROUVÈRES. MINSTRELS, *3 CDs, Teldec, Neuausgabe 1995.)*

1978 hat das Ensemble Hespérion unter der Leitung von Jordi Savall die Cansos de Trobairitz *aufgenommen (Neuausgabe Virgin, 1996): Gesänge der weiblichen Troubadoure, unter anderem vorgetragen von der herrlichen Stimme von Montserrat Figueras und der maurischen Gitarre von Hopkinson Smith (heute einer der großen Lautenspieler). Der Beweis dafür, daß, wenn begabte Barockinterpreten sich für das mittelalterliche Repertoire interessieren, sie einfach an die Ursprünge ihrer Kunst anknüpfen.*

Im selben Zusammenhang sei die meisterhafte CD La Lira d'Espéria *angezeigt, auf der Jordi Savall, virtuos, wie man ihn kennt, wenn er die Viola da gamba schwingen läßt, mit der Unterstützung des afrikanisierenden Schlagzeugers Pedro Estevan in das arabische und westliche Repertoire der mittelalterlichen Bogendrehleier eintaucht (CD Auvidis, 1996).*

1993 spielte das Ensemble La Reverdie *von Elisabetta de' Mircovich den schönen* Speculum Amoris *ein, eine Sammlung von Liedern, die sowohl die mystische als auch die weltliche Liebe preisen. Eine raffinierte und stellenweise wirklich beunruhigende Sammlung (das anonyme Lied* Dulcis Amor *wird mit unvergleichlicher Sinnlichkeit interpretiert). Schlüpfriges und Erhabenes wird hier auf talentierte Weise verbunden (CD Arcana, 1993).*

Das Ensemble Sequentia, *in dem die beherrschende Stimme von Barbara Thompson – übrigens die größte Interpretin von Hildegard von Bingen – von dem markanten Benjamin Bagby unterstützt wird, würdigt die Troubadoure, die Dante in seinem Essay* De vulgari eloquentia *ehrt, mit der CD* Dante and the Troubadours *(Deutsche Harmonia Mundi, 1995).*

Das Ensemble Alla Francesca, *in dem Brigitte Lesne, eine Sängerin mit kristallklarer Stimme und begabte Instrumentalistin, brilliert, bietet einen glanzvollen Querschnitt, der von* Lai du chèvrefeuille *mit seinen keltisierenden Klängen über die lieblichen oder schwungvollen Melodien einiger großer nordfranzösischer Minnesänger bis zu einem* planh *(Klagelied) des okzitanischen Troubadours Gaucelm Faidit reicht. Eine erfolgreiche Sammlung, deren verbindendes Element Richard Löwenherz, der Sohn Eleonores von Aquitanien, Halbbruder von Marie von Champagne und vermutliche Autor einer Rotruenge, darstellt (CD* RICHARD COEUR DE LION, *Opus 111, 1996).*

Pierre Bec stellt in der Einführung zu seiner ANTHOLOGIE DES TROUBADOURS *fest, daß die Aussprache des zeitgenössischen Okzitanisch sehr nahe an derjenigen der mittelalterlichen* LANGUE D'OC *bleibt. Das erklärt vielleicht die unnachahmliche, zugleich strahlende, wohlklingende, rauhe und subtile Klangfülle der Interpretationen von Gérard Zuchetto, einem heutigen Okzitanen, der die Werke der Troubadoure des 12. und 13. Jahrhunderts singt. Seine Stimme klingt wie die der rauhesten Flamencosänger, und da kommen die arabisch-andalusischen Wurzeln zum Vorschein. Zuchetto sagt, man müsse verliebt sein, um die Kunst des* CHANTAR *auszuüben. Seine Aufnahmen bezeugen das: Bei ihm hat das Repertoire der Troubadoure nicht Museales. Es findet hier wieder zu seiner ganzen Widerspenstigkeit.*

(CD GÉRARD ZUCHETTO CHANTE LES TROUBADOURS XIIE ET XIIIE SIÈCLES, *Teil 2, Gallo, 1992; CD* TERRE DES TROUBADOURS, *als Ergänzung zum Buch desselben Titels, Paris 1996.)*